Lino Giavarotti
Filho

Poética Revelada

Aquarelas de
Neiglecyr Giudice

Copyright © 2022 de Lino Giavarotti Filho
Todos os direitos desta edição reservados à Editora Labrador.

Coordenação editorial
Pamela Oliveira

Assistência editorial
Leticia Oliveira

Projeto gráfico, diagramação e capa
Amanda Chagas

Preparação de texto
Lívia Lisbôa

Revisão
Iracy Borges

Imagem de capa
Sem título (2000)
Aquarela sobre papel
30 x 40 cm

Ilustrações
Neiglecyr Giudice

Dados Internacionais de Catalogação na Publicação (CIP)
Angélica Ilacqua CRB-8/7057

Giavarotti Filho, Lino
　Poética revelada / Lino Giavarotti Filho. – São Paulo : Labrador, 2022.
　96 p. : il., color.

ISBN: 978-65-5625-285-8

1. Poesia brasileira I. Título

22-5902　　　　　　　　　　　　　　　　　　　　　　CDD B869.1

Índice para catálogo sistemático:
1. Poesia brasileira

Editora Labrador
Diretor editorial: Daniel Pinsky
Rua Dr. José Elias, 520 – Alto da Lapa
05083-030 – São Paulo – SP
+55 (11) 3641-7446
contato@editoralabrador.com.br
www.editoralabrador.com.br
facebook.com/editoralabrador
instagram.com/editoralabrador

A reprodução de qualquer parte desta obra é ilegal e configura uma apropriação indevida dos direitos intelectuais e patrimoniais do autor. Esta é uma obra de ficção. Qualquer semelhança com nomes, pessoas, fatos ou situações da vida real será mera coincidência.

Aos inspiradores da minha viagem poética:
meu amor Maria Angela, minha mãe-irmã Nei,
meus familiares e amigos.

Para Guita Guerzoni Piva, poeta e amiga,
pela cumplicidade e preciosa leitura crítica.

Sumário

PARTE 1 — AMIGOS

11 Minha riqueza
14 Encontro
15 Reencontro
16 Inspiração
17 Cine Emotions
18 Celofane
20 Nossos caminhos
22 O motivo e a motivação

PARTE 2 — AMOR

25 Nosso templo
26 A guardiã
27 Pequena declaração
28 Quanto tempo ainda
29 Busca
32 Mar amor
33 Trem azul
35 Mergulho
36 Casamento
37 Minha flor

PARTE 3 — FAMÍLIA

41 À filha
43 A graça
44 Lola
45 A velha casa
47 As mãos e a terra
49 Meu irmão
52 Artista das cores
53 Minha mãe
55 Meu pai
56 Os gêmeos
59 Marca da infância
61 Irmã
64 O guardião
66 Sessenta anos
67 Chegança
68 Aniversário
70 A neta, os suspiros
72 Filha minha

PARTE 4 — REFLEXÕES

- **77** A caça
- **78** Marés
- **79** Sinos e buzinas
- **80** Na pauta
- **81** A casa do açude
- **84** Memória
- **85** O mar
- **87** Tempo para viver
- **89** O brilho do artista
- **90** A luz, a fresta, o interior
- **91** Mensagem aos médicos
- **94** Mesa fraterna
- **95** Barra do Una

PARTE 1

Amigos

MINHA RIQUEZA

Sem vocês, mesmo na riqueza, sou muito pobre; sem vocês, sou terra estéril. Sem vocês, não há criação ou inspiração. Amo meu semelhante, os amigos são minha prerrogativa. Deus nos deu o arbítrio de escolher, o próprio Cristo teve seus escolhidos.

Sentar-se em comunhão ao redor da mesa e acender a luz do bom espírito e da amizade incondicional são presentes divinos que ultrapassam até a morte.

Amigos: minha riqueza, uma perene dádiva dos céus.

Floral 1 (2000)
Aquarela sobre papel
26 x 20 cm

ENCONTRO

Chegar, afagar, abraçar.
Dar calor, esquentar, reaquecer.
Pôr para fora o coração pulsante, esquecer.
Esquecer que o tempo passou, que houve distância.
Tudo está aqui e agora como sempre esteve.
A distância é só espaço mensurável.
Para a distância, a mente.
Para o infinito, o espírito.
No infinito, o que nos separa depende de nós.
A distância nada é quando se tem a imaginação acesa e a fé
                                                no reencontro.
Meus amigos, mantenham acesa a chama do infinito.

Sem título (2000)
Aquarela sobre papel
18 x 12 cm

REENCONTRO

E lá estavam eles, afáveis e carinhosos como namorados que só se veem aos sábados à noite e preparam o corpo e o espírito, por toda a semana, para aquele momento. Alguns se anteciparam, chegaram uns e mais outros, todos com o coração no sorriso. Vinham de diversas praças, longínquos quintais. E rápidos, para chegar logo, ficar mais, retardar a partida. Movimentavam as ruas do lugar e seguiam uma só direção, caminho caseiro com cheiro de família — tempero no ar, chamando para a mesa. Rios correndo para o mar, inundação de saudade. Assim aconteceu e sempre acontece.

O reencontro esperado é um grande momento. Mesmo repetido à exaustão, não enjoa. Poucas coisas são assim, neste mundo de Deus. É o doce que nunca amarga, o fácil que não entedia, o som que não ensurdece, a luz que não cega nunca. É a forte amizade a cola de todos os fragmentos, de todas as desigualdades. Juntos, os amigos formam a grande obra da fraternidade.

A mesa posta e todos comungam do prazer da cúmplice convivência. Esta é a verdadeira comunhão: amigos verdadeiros brindando à mesma virtude. Cálices ao alto e corações aos saltos. Encontro de amigos é isto: ceia farta que não leva ao fastio, pois o amor sacia, nunca sobra e, logo, falta.

INSPIRAÇÃO

Ah, meus caros amigos, com a presença amiga da nossa turma, qualquer um se faz poeta. Busco a tinta, para marcar o papel perfumado das cartas secretas com boas recordações. Fontes de fantasia realística, elas alimentam o espírito e abastecem a pena, na mão de qualquer pretenso escritor. Mas não apenas de boas lembranças se faz o momento criativo do poeta. A tristeza, uma ponta de dor, a saudade, o ciúme e outros condimentos temperam a alma da criação. Posso até dizer que, nas turbulências da vida, lancei mão da dor para fazer o belo; hoje, porém, acredito que o melhor vinho é feito com as melhores uvas.

Portanto, abro o lacre, para vocês, aqui e agora, e revelo um envelope, guardado nos desvãos do meu espírito, com os segredos da minha inspiração. Revirado, expõe o romance certo com a mulher certa; os filhos; estar com os amigos; a convivência com o brilho de pessoas virtuosas; a música; o encanto com a natureza do Criador e o fraterno pulsar dos nossos corações, em nossos encontros.

Como vocês podem ver, meus amigos, é fácil ser poeta no meio de tanto prazer, amor e luz.

CINE EMOTIONS

Veio gente de todos os lugares para ver o filme. Lá das quebradas das estradas, dos cafundós do mundo, montados, caminhando, sobre rodas. Coletivos, pessoais, exclusivos, conduções para ver o filme. Vieram e viram meu cinema também: com jeito de coisa antiga, lanterninha e balaústres. Cinema como casa, cheio de recordações, fitas velhas e queridas, trailers conhecidos, Canal 100 de emoções. Preto e branco de meios-tons, tecnicolor imaginário. Meu cinema lotou.

As cadeiras estofadas com crinas de cavalo recolhiam as pessoas e seus sonhos. Agasalhavam-se paixões adormecidas (que seriam despertas), sob as cortinas da tela. Gatos lambiam suas patas e aguardavam o facho de luz vindo lá de cima, do buraco misterioso de onde jorravam imagens e mostrava, às vezes, a silhueta do anjo a apertar botões e parir o suspense, o medo, a luz.

Todos viram quando explodiu a primeira universal imagem. Depois do urro daquele leão assustador como bichano de lã, o filme se projetou nas mentes e habitou os corações. Eu vi as pessoas felizes no meu cinema, revivendo velhas fitas, realentando a vida com risos, gritos, respiração suspensa, choros afrontados.

As fitas são conhecidas por todos e sempre bem recebidas. O meu cinema é aquele mesmo da pipoca americana que acalenta nossas vidas. Os atores são os Bogards de sempre, doces fumantes da minha alegria, que aquecem os invernos e florescem os outonos das cenas. Minhas fitas, meu cinema, meus atores, minha alma fotográfica. Minha eterna emoção.

CELOFANE

Desde a faculdade, a fina malha do tempo envolve nossos destinos e nos oferece a convivência e a cumplicidade, quando os sonhos ainda eram embrulhados em celofane, papel brilhante e colorido como o dos bombons e dos presentes de Natal da infância. E nós, meus amigos, fomos, juntos, abrindo os pacotes da vida, rasgando os embrulhos, numa época em que era inimaginável vivermos a tempo de nos tornarmos avôs.

Casei-me numa manhã de janeiro, quando ganhei o maior presente da minha existência. Recheados de surpresas amáveis, vieram outros lindos presentes, envolts em sonho de celofane: os filhos, seu crescimento, suas façanhas. Cada proeza de filho é um regalo. E, amigos, íamos, juntos, contando essas façanhas, desembrulhando o fino celofane das nossas emoções.

Ano após ano, nos reuníamos. A troca de histórias dos pequenos notáveis povoavam nossos encontros. E, assim, cúmplices das esperanças doadas pelos filhos, continuamos a vê-los crescer e a dar sentido às nossas vidas. Mas, quando certo silêncio se instalou e certa acomodação abafada nos fez crer na missão cumprida de amá-los até a última fibra dos nossos corações, tocaram sinos e anunciaram a chegada de algo distante e quase intangível. Acordamos e, pé ante pé, no escuro do corredor das nossas esperanças, avistamos um enorme presente, iluminado por luz própria, sob o velho cipreste das nossas infâncias, enfeitado com bombons Sonho de Valsa e fiapos de papel dourado. Linda caixa envolta por celofane vermelho que, à pequena distância, ouvido na tampa, emitia o pulsar ritmado: tum-tum... tum-tum. Coração, meus amigos, lá estava um coração e seus sonhos. Uma neta, uma prenda divina.

Nós quisemos abrir o presente com vocês. Desvendar cada canto desse pequeno coração e enfeitá-lo. Quisemos comemorar, como a criança festeja seu presente de Natal. Obter dele mais vida e dar, a ele, nossa vida restante. Curta ou longa, tanto faz, pois estamos certos de que, pelo amor, viveremos sempre juntos, abrindo nossos presentes, rasgando nossos celofanes. Estejam por perto e vivam conosco esse milagre do Senhor.

NOSSOS CAMINHOS

Procuro olhar, na renda nordestina, os caminhos das linhas que partem, obedientes, paralelas, das mãos da rendeira. Separam-se, juntam-se, delimitam flores distantes, alamedas longínquas, pássaros errantes, sóis, luas, sonhos. Retornam sempre em nós e se apertam, se afastam, porém mantêm a origem — por mais longe que caminhem para criar suas voltas de rio, suas montanhas, suas casinhas brancas. A trama da renda recebe a inspiração da rendeira, com mãos criadoras de rotas e voos.

Como linhas de rendeira, partindo do mesmo ponto, nossas vidas caminham para a dispersão. A força do acaso tende a nos separar, porém, a dos nossos corações nos aproxima. Ao longo de muitos anos, a grande renda dessa amizade vem sendo formada por diversas linhas; diferentes estilos de vida, com variadas formas de ser, agir, reagir e encarar os fatos. Renda rica em cores e pontos, uns fáceis e ágeis; outros, penosos e complicados. Alguns pontos soltos; outros, muito firmes; uns facilmente reproduzíveis; outros, indecifráveis. Ponto a ponto de nossas vidas, tecidos dia a dia, construindo nossa magnífica trajetória por este mundo.

Temos caminhado como as linhas, nas mãos da rendeira. Cada qual com suas viagens de sonhos, tecemos nossas estradas, toalhas de renda muitas vezes isoladas e quase inatingíveis. Santas mãos invisíveis regem, com misericórdia, o rumo das nossas linhas. Tudo se junta por obra dessas mãos, quando amarramos nossos caminhos nos encontros. Os nós do afeto transformam essa renda de amizade em algo indestrutível, infinito. Por nossa vontade e do Criador, eles estarão sempre firmes.

Felizes nos encontramos, mais uma vez, nessa amarração de tolerância, de carinho e de respeito, na tessitura de nossas existências. Estivemos muito próximos, coração a coração, face a face, lágrima a lágrima. Em cada um de nós, a certeza do espírito elevado e do renovar de bons sentimentos. Juntos somos essência, linhas condutoras de amor e luz.

Barcos 2 (2001)
Aquarela sobre papel
22 x 18 cm

O MOTIVO E A MOTIVAÇÃO

O que faz as pessoas mudarem a rotina, quebrarem a inércia e buscarem o novo — ou, pelo menos, o renovado — vai muito além do formalismo dos convites. O motivo para o fato é claro: o chamado para um encontro. A motivação está, porém, muito longe da frieza de tal fato. Cada um de nós sabe, no seu íntimo, como esse tipo de reunião afeta nossos sentimentos.

A força de motivação dos nossos encontros é o valor que damos a pequenas formas de prazer: o abraço de amigos antigos, uma canção que nos liga à juventude (ou ao tempo de nossos pais), conhecer mais de perto os destinos dos nossos filhos (criação maior e orgulho das nossas vidas).

Não podemos permitir que as mazelas do medo da violência, a estreiteza dos recursos financeiros ou o embotamento dos sentimentos pelo desamor sejam os cadafalsos da nossa afinidade, acalentada em tantos anos.

Não temos o que temer. O amor está em nós e regá-lo é o que se faz necessário. Os encontros são um marco da convivência e da cumplicidade de velhos amigos. Participemos sempre, recheando de afeto e alimentando nossos caminhos com boas-novas.

PARTE 2

Amor

Sem título (2001)
Aquarela sobre papel
22 x 12 cm

NOSSO TEMPLO

Construímos nossa vida como se constrói um templo: pedra após pedra, com encaixes perfeitos e sólidos, como nos tempos bíblicos de Salomão. Aquelas já naturalmente bem polidas e regulares foram assentadas de imediato e formaram lindos mosaicos, presentes dos nossos ancestrais. As pedras brutas não foram colocadas à parte. Pelo contrário, adivinhando seu valor interior, foram lapidadas com o esforço das nossas mãos, sentimentos e virtudes e, uma vez em seus nichos de destinação, significam a busca, a luta e a perseverança no amor e em nossa união.

Talvez as pedras mais disformes, as angulares, tenham sido aquelas que levaram mais tempo e ofereceram maior trabalho para adquirir as formas adequadas. Mas eram, também, as de maior resistência e de maior significado na sustentação da obra. No conjunto de todas as pedras, fáceis ou difíceis de encaixar, encontramos o todo, indivisível e perfeito: nosso templo, o mosaico sólido e iluminado das nossas vidas.

Neste momento, olhando nossa obra, percebo que ela permanece inacabada, apesar dos esforços, e ainda pede detalhes em suas colunas, abóbadas e altares. E sinto o vento da alegria no meu peito, pois compreendo que, juntos, com mãos delicadas, podemos acrescentar minúcias maravilhosas ao templo sólido, sem pressa; admirando infinitamente a beleza, ouvindo os sinos, cantando baixinho, passeando calmamente entre os jardins e mantendo acesa nossa chama de amor construtivo, belo e eterno.

A GUARDIÃ

Com suas asas de plumas estelares vem e pousa.
Luz e reluz, cega e seduz,
protege e venteja
sorte, doçura, amor e beleza.

Linda criatura de fogo eterno,
bem perto de mim, bem perto de Deus.
Ri do risco, arrisca um riso,
beirando o abismo, paira e graceja.

Doce criatura, alada e sutil,
segue meus passos, cuidados de mãe.
Limpa os caminhos, prepara a festa,
brilha, escondida, espia na fresta.

Malícia divina das fontes de mel.
Beija-me a boca, oferece-me o céu.
Dança na noite, ao som do flautim,
embala meu sono, cuida de mim.

E quando, na noite, ruge o clamor
das almas sofridas,
das dores atrozes,
suas asas se abrem, a guarda se faz,
bálsamo doce, divina paz.

Floral 2 (2000)
Aquarela sobre papel
22 x 22 cm

PEQUENA DECLARAÇÃO

Em um ano com você, tive o céu.
Com você, em uma década, juntei o céu à terra e tive
                             o mundo ao seu lado.
Em duas décadas, apanhei o sol e as galáxias, enlacei tudo
              ao mundo conquistado e, com você, tive o universo.
Vários outros anos e me sinto muito perto de Deus,
                                     com você.
Mais algum tempo com você e serei sábio e perfeito.
Com você, serei Deus, um dia?

QUANTO TEMPO AINDA

Quanto tempo ainda
a eternidade?

E a medida
do infinito?

E o peso
da nossa consciência?

E a cor
rubra de nossas faces?

E o perfume
das nossas almas?

E o gosto
das nossas línguas?

E a temperatura
do nosso sol interior?

Assim é o nosso amor,
espelho de nossas vidas,
o que nos pertence de fato.

Amo-te e nada mais.

BUSCA

Com as mãos repletas de pétalas,
generosas partes do divino perfume,
iludo a tristeza, retiro a máscara e
venho a ti.

Pés no chão, fincados nas profundezas,
elevo minha fronte aos céus,
recolho a energia sideral, roubo o traço do Criador
como ladra criatura ciumenta.

Mãos ao alto, repletas de perfume
das pétalas e de frutos de mil sementes,
rubras e apoiadas,
buscam ofertar e receber.

Cavo na terra a firmeza; busco no céu o equilíbrio.
Cabeça ao alto, pés no chão, mãos na poesia.
Abertos os braços, estrela de cinco pontas,
com centro cordial, pulsam emoções.

Capto o esotérico saber, recebo o mantra,
o solene mistério do Criador e da criatura.
Clarões dos céus, luzes da divindade, pétalas de flor,
perfumes do ser, singelos retalhos catados de ti.

MAR AMOR

Nesse mar eu já mergulhei
e bebi o seu sal.
No sal, depositei meus versos e dei sabor às rimas.
Nessas rimas, rimei o mar
e bebi suas águas profundas.
Nas águas profundas, o mar se afoga em sal,
em versos, em rimas.
E o amor, meu amor,
seu amor é o meu mar.
Profundo mar, salgado doce mar, afogado de amor.

Sem título (2002)
Aquarela sobre papel
28 x 22 cm

TREM AZUL

E lá vou eu no trem azul de 1972, o sol coroado na cabeça e pés ágeis de menino apaixonado. Você embarca no trem azul e eu acredito que amar é para sempre, trilho sem fim, sem paradas nas estações do tempo. E a canção ouvida e gravada no cérebro juvenil é para sempre, pousando notas na pauta e na alma. Para sempre, negando a verdadeira natureza da vida, onde nada é para sempre, como pura contestação do aquecido e inconsequente amor da nossa juventude.

Em nossas cabeças, o sol e o trem azul vão traçando rotas e apitando, nas curvas dos sonhos mais leves e belos, nos trilhos amorosos, forçando o balanço dos corpos, a inclinação da mente e a aproximação das almas. O sol sacoleja nas nossas cabeças a mostrar o caminho, a seguir o momento, sem pensar no provável desvio adiante — ou na ponte quebrada, além dos arvoredos.

Meu trem azul vai e leva, consigo, as noites quentes e as manhãs friorentas no seu vagão musical, repleto das notas mais harmônicas. Apita longe, avança na via férrea das nossas vidas e sonoriza seus encantos, meus devaneios e a futura e incerta felicidade.

MERGULHO

Olhe para mim. Olhe aqui no meu peito. Olhe e veja o que emana dele. Não se preocupe com a dor. Mergulhe nele, enfie sua face nas carnes vibrantes e procure o que salta e se abala. Percorra cada veia e cada músculo. Procure o que estremece aí dentro. Não desista da tarefa. Procure, mesmo que te leve à estafa e ao desespero.

Eu quero e preciso que você encontre o que se mexe, retorce e me aperta, neste meu peito ardente. Pode usar os sentidos normais e os paranormais. Busque, com afinco, a chama do meu afeto, da minha luz. Não desista ainda. Faltam cantos e recantos a vasculhar, pequenos espaços silenciosos e grandes cataclismos sazonais. Tudo deve ser olhado e percebido: cada suspiro, cada lâmina de líquido claro e sutil, cada trecho da embrenhada mata de sentimentos, com seus rugidos noturnos, misteriosos e insondáveis. Busque mais e mais o que me faz gelar e esquentar, o que me faz vibrar de paixão.

Procure nos recônditos do meu peito e veja se lá existe um grande lago calmo por entre meus nervos, meus pulmões e o descompassado coração. Veja se encontra um lago morno, doce e brilhante, cujas águas se agitam quando você as olha, na aflição sedutora do prazer iminente. Veja como ele se acalma em seguida, abrandado e liso, feito o espelho do meu amor saciado, refletindo sua imagem vívida, amada e bela. Rebusque no limo das beiradas, nas pedras escorregadias das pequenas bacias lacustres e veja, também, suas mãos agarradas às minhas, numa imersão suave. É nesse lago profundo das entranhas da minha alma e do meu corpo, e só lá, que mergulho para dentro de mim e encontro sua face, seu corpo, seu amor e vivo os sobressaltos, as maravilhas e a quase asfixia de um coração sempre apaixonado por você.

CASAMENTO

Próximos, muito perto, juntos,
enroscados, espremidos,
estreitados escandalosamente.
Chave, fechadura, senha explícita,
papel de bala, grude, cola-tudo.
Escolham os termos, combinem os pactos.
Carne e unha; dois em um; pele e coração.
Dualidade única.
Unicidade dual.
É o que somos e seremos.
Cultivem o amor, o carinho, a amizade
e estarão unidos com cimento místico,
para sempre entrelaçados
numa união cósmica. Divinos.
Eu vos digo!

Floral 3 (2000)
Aquarela sobre papel
20 x 18 cm

MINHA FLOR

Ah, minha flor!
Doce e suave flor,
pequena e bela,
veste a beleza, perfuma e nela
clareia o dia, apaga a dor.

Ah, minha flor!
A cada amoroso dia,
Você flor; eu o caminho,
você videira; eu o vinho
você sussurro; eu o clamor.

Ah, minha flor, se soubesse
como enfeita meu destino,
como ameniza espinhos,
como adoça meu sabor!
Nem sequer ficaria
um dia
longe de minha presença
e, por certo, regaria
mais e mais o nosso amor.

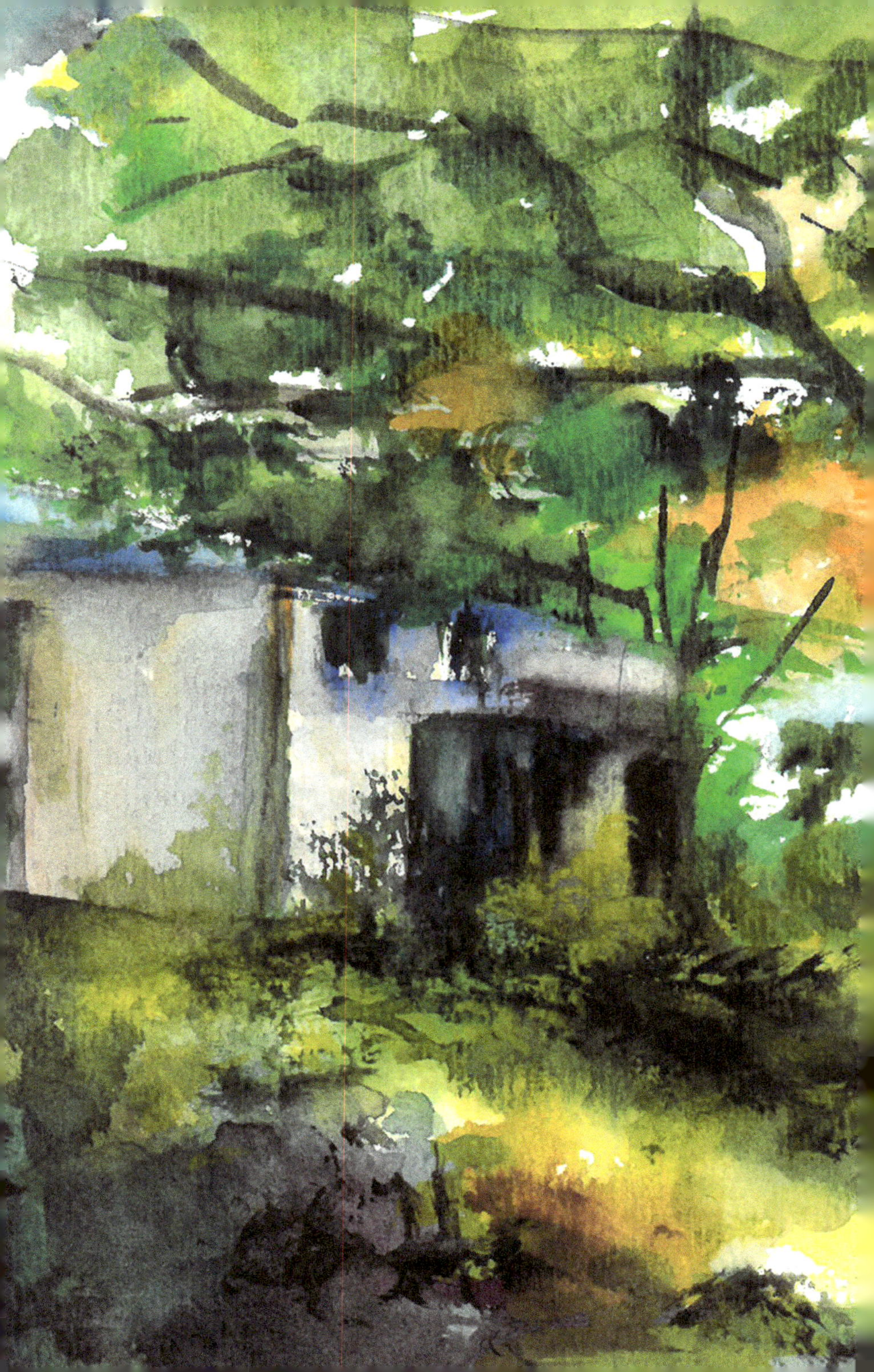

PARTE 3

Família

À FILHA

Eu já tive quinze anos. Era a festa dos sentidos, perfumes marcantes, calores incontroláveis, vontades irrefreáveis, medos inconsoláveis, paixões intermináveis. Também escrevi sobre astros, poentes, constelações. Busquei ouro no céu, garimpeiro da impossível pedra perdida, nos caminhos desconhecidos do ser. Busquei, achei e perdi.

Nos quinze, é assim. Achamos e perdemos; tornamos a encontrar, mas não é o que buscávamos. Às voltas com o anjo do amor, padecemos os castigos da culpa e do abandono. Só os quinze anos nos fazem chorar de dor sem dor, gemer sem gemidos, lacrimejar sem lágrimas.

Eu senti o amor chegar aos quinze. Vivi o sabor de uma ansiosa paixão e chorei, num misto de prazer e sofrimento, fel e mel, amargor e doçura. O amor aos quinze é sempre dual assim. Esse sentimento estranho e desejado confunde e faz sofrer.

As músicas, os perfumes, as luzes e o toque são estopins de grandes festivais de pirotecnia. Sentidos aguçados, explosões inesperadas, a culpa, o choro. Aos quinze, as labaredas do nosso interior queimam também fora, incontidas em nosso corpo permeável. Não temos crostas ainda. Somos vulneráveis aos sentimentos. Expostos e sem controle, eles logo magoam e nos magoam, flechas bumerangues a levar e trazer o veneno aos peitos frágeis e confusos.

Nos meus quinze, o beijo concedido era o maior dos sinais de entrega, alcançado com grande esforço. O toque dos lábios — a comunhão do momento, inesquecível quesito da grande prova do sentimento amoroso — fazia eletrizar, perder o fôlego, marcar a vida como tatuagem de fogo.

São emocionantes as lembranças daqueles tempos. A velha e querida escola, os irmãos, tios, amigos e a passagem tormentosa da criança para o quase adulto. Os pais, porto seguro onde atraquei e atraco meu navio nos mares das minhas tormentas. A música, o sonho de dominá-la e, montado em suas notas, voar pelo mundo, enfeitando as paisagens. As tocantes experiências dos quinze anos estão em mim, ainda hoje, mostrando caminhos e esquentando os cinquenta. Reservas íntimas de sonhos e enlevo, são cartas guardadas no coração, claras e ternas testemunhas de um tempo mágico vivido — por assim dizer, em outro mundo.

Estou feliz por poder escrever a você sobre meus quinze anos. Espero que, aos cinquenta, possa buscar também, no baú da sua existência, a força dos seus, para nunca deixar de sonhar e viver, calma e docemente, a maturidade.

Barra (2001)
Aquarela sobre papel
18 x 12 cm

A GRAÇA

Pedi ao Pai a chance de tê-lo por mais tempo. Pedi que a criança combalida ficasse mais um pouco por perto, no colo, no berço da casa, ao alcance da mão. Pedi que o tempo passasse rápido e ela pudesse crescer e me conhecer. Pedi com egoísmo e fé. Pedi, pois não cabia outra possibilidade. Pedi como quem pensa merecer o acolhimento. Pedi com a humildade dos desesperados. Pedi e, como nada segura a vontade divina, o colo e o berço permaneceram ocupados.

Cresceu o pequeno, perdeu calçados, mostrou gentilezas e talentos. Sorriu para mim, apontou o pai e, com jeito de quem conhece o amor, pediu colo. Saiu à cata de tudo, revirou gavetas, fuçou nos quintais. Fez o que foi pedido, implorado e muito mais. Extrapolou.

Quando vem a graça, vem mesmo, sem meio-termo, com muita força. Pedi e foi concedida: a criança ficou, reinou, cumpriu seu caminho de anjo, cresceu e se foi. Deixou o berço vazio, o colo vazio, o quintal vazio, um vazio que eu não queria, naqueles tempos, e que agora já não me assusta. Ele se foi, com as caretas e façanhas daquele bebê fugidio que ficou por Deus; cumpriu por Deus, uma graça. Meu garotinho se foi como eu não queria que ele se fosse naqueles tempos de agonia. Mas, nestes tempos de felicidade, não posso querer que volte.

Foi em paz, meu bebê gracioso, e deixou ficar o homem, feliz e adulto, para que continue suas aventuras entre nós, conviva com os homens de bem e viva o amor ofertado e rogado ao Criador, num certo dia de nossa aflição e desventura.

LOLA

Quem a conhece pode dizer: a raridade da lágrima rolada é um fato, escassez conhecida, relutância do choro. Seus olhos não vertem água por qualquer motivo. As janelas e vidraças da alma negaceiam o choro fácil, barram o lago profundo interior das emoções. Por mais intensas que sejam as chuvas do coração, as comportas dos olhos contêm suas águas e elas não brotam às faces. Pequena, cambaleia, mas não chora. Faz, dessa característica, marca de força. Não se descontrola. Coração descompassado, voz trêmula, rosto tenso, ausência de lágrimas, nada de choro.

Essa mulher esconde suas lágrimas, guarda essas pedras preciosas e não as oferece a ninguém. Mas essa doce avareza, por outro lado, se prodigaliza em muitas outras oferendas. Compartilha seu amor, distribui a luz da sua maternidade generosa. Aperta os laços da família, une, agrega, apoia. Dadivosa em muito, avarenta pouco.

Talvez ela guarde suas contas de lágrimas, preciosas contas, para algo maior. Enfeitar caminhos siderais? Brilhar no céu dos anjos? Iluminar as trevas dos penitentes? Quem sabe? Nós, que pensamos conhecê-la muito bem, só fazemos suposições. O destino dessas joias seguramente está nas mãos do Criador. Ele, por certo, o sabe.

A VELHA CASA

Não era a viga ou o caibro que sustentavam aquela casa. Suas paredes velhas e caiadas alcançavam o telhado alto, o beiral, mas miravam o céu. Tiro ambicioso, sublime pontaria. Todos na casa sabiam da sua firmeza, da rigidez dos seus alicerces. Centenária, tinha o ar de castelo robusto, apesar das paredes finas e leves. Mas havia a certeza de que algo dentro dela a sustentava.

Sob seu teto, filhas, netos e genros reconheciam que a casa transcendia sua estrutura e se sentiam abrigados. Nem mesmo a fúria dos grandes ventos e tempestades abalou sua resistência estoica. Nem mesmo quando o tufão de doenças incuráveis soprou sobre ela, rangeu ou trincou. E nem quando o vendaval da morte arrastou a luz do sorriso, a casa se abalou. Inquebrantável, erguida e sustentada por sentimentos insondáveis, deixou sempre seu sinal de força e perseverança. As grandes ondas dos maremotos da ambição, da inveja e da intolerância bateram forte, entraram pelas janelas, mas foram expulsas pelas portas, lavando tudo e deixando os cantos dos quartos, livres do bolor da hipocrisia e da falsidade.

A fé morava lá. As preces diárias perfumavam os desvãos e a casa repicava sinos celestiais. As visitas encontravam suas portas abertas, generosas e fraternas. Sentiam a cálida acolhida e de lá não saíam sem uma prece protetora. Em verdadeira peregrinação, a família, os vizinhos e amigos iam e voltavam; e os cômodos da casa abrigavam a todos, dando repouso e paz.

O mistério da velha casa, frágil e soberana, sempre causou espanto aos menores de espírito. Aos sensíveis e afetuosos, o dom e o segredo estava claro: morava nela quem semeava o amor, quem fazia o escuro clarear, a dor esmorecer e o bem vivificar. Essa moradora da fé, das orações, da luta pela vida em Cristo iluminava suas paredes e cômodos, era o esteio do seu teto e das nossas vidas. Queremos a casa e nossos corações sempre cheios da sua luz.

AS MÃOS E A TERRA

As mãos cavam a terra, trêmulas, com dedos ágeis que se esquivam dos espinhos do tronco verdinho e revolvem os grãos compactados pelas chuvas. A terra afofa, amacia e se transforma em ninho. Depois, mergulham o tronco no solo, arrematam ao redor, com carinho, os montinhos de adubo e areia, alisam tudo, enfeitam o canteiro, semeiam a harmonia da natureza por vir. A energia passa das mãos à terra úmida e da terra ao vegetal. A força dos dedos finos enche o canteiro e penetra na vida latente das gemas. Logo tudo explodirá em folhas e flores.

As mesmas mãos, com a força astral do Espírito Santo, revolveram o próprio ventre, que gerou cinco Marias. Uma a uma, as pequenas foram colocadas no mundo e, como flores, desabrocharam em homenagem ao Criador. Cada uma a seu modo tem a harmonia equilibrada do universo.

Dimensões, formas, geometrias e desenhos, cada Maria, flor perfeita (como são todas as flores), carrega a energia da mão materna e tem a mesma força, no seu íntimo. Por essas mãos, em concha, foram protegidas dos ventos frios, das chuvas e tormentas. Amparadas, as pequenas Marias abriram suas folhas, suas pétalas. Recolheram-se nos invernos duros da vida, mas sempre explodiram em cores nas mornas primaveras. As mãos que as semearam sempre ali, vigiando, cuidando, limpando suas marcas de tristeza, adubando seus espíritos. Assim cresceram, floresceram, deram frutos. Marias em flor, adultas, com mãos de mãe.

O tempo implacável deixou marcas. As mãos sentiram seu peso, mas, mesmo trêmulas, continuaram suas obras pelos campos arados. Gerar Marias foi a maior delas, porém as mãos ainda semeiam e produzem fé, esperança e caridade. Com simples agulhas, linhas e moldes, manifestam o amor ao próximo; com dedos entrelaçados em prece, salvam almas, alcançam graças; estendidas ao alto, homenageiam o Filho de Deus; acenando ao longe, são bandeiras de luz a nos guiar.

    Essas mãos férteis, musicais, de afagos e preces estão presentes em nossas vidas. Nada pode terminar com seu poder; nem o tempo, nem as armas, nem os cataclismos. Nada, nem mesmo seu derradeiro aceno de adeus.

MEU IRMÃO

Quando a porta de casa se fechou, ficamos frente a frente. Um abraço prolongado e a percepção da sua magreza sob as vestes. Cabelos ressecados, barba grisalha e rala. Sorriso curto, pouco generoso, muito comovido, e seu peito junto ao meu. Há muito, ele partira, seguindo caminhos não partilhados, plenos de mágoas e sofrimentos. Colheu, a seu modo, risos e flores, mas não cultivou amizades e afetos. Caminhou muito e terminou como os combalidos soldados nas derrotas das guerras. Sem glórias, fardos nas costas, lama nas botas rasgadas. Teve os pés feridos e a mente atormentada pelo amor doado à exaustão. Abandonou seu corpo e viveu como espírito vagante e desencarnado no corpo da amada e dos filhos. Envelheceu na pele, no olhar, e secou seus humores por amor. Não sentiu reciprocidade no amor dedicado. Como água evaporada do açude, que não volta em chuva, não retorna à terra; como água fugidia das geleiras que corre para longe das montanhas — e não volta. Esvaiu-se irremediavelmente o sangue amoroso e, na sua boca e olhos, murcharam as chamas da juventude. Sua alma secou e ele, resignado e carente, contenta-se agora com pequenos sorrisos, olhos piedosos, palavras baldias, fatos mesquinhos e rotineiros. Vive nos cantos, com um molambo e enjeitado coração.

No abraço, seu coração bateu forte e eu senti que estar perto dele, em minha casa, era uma espécie de remissão. Remissão dos desagrados e desamores que a vida lhe oferecera. E generosamente, agora, num segundo de calor amoroso, seu redimido coração bateu feliz, amado e livre, como sempre desejou desde que se afastara, à cata das suas desventuras.

Há algum tempo, a chama pálida de uma simples coincidência nos colocou em rota de encontro. Vieram cenas perdidas; medos e incertezas olharam e se recolheram nos seus cantinhos mesquinhos. Mesmo com o medo da distância e do esquecimento nos olhamos, nos medimos como nos velhos tempos e enxergamos o que nunca ficou para trás. Com escárnio pelo próprio sofrimento, riu da sua dor e sorriu para mim. Meu espírito voou e pousou no beiral da sua vida. Espreitou e avançou. Como barco remado, seguiu calmo para não espirrar água e acordar o monstro do desamor e do abandono. Minha mão tateou, na escuridão da sua mente, e clareou com lume forte nossa boa relação juvenil. Alguns chamados e logo afloraram os sonhos passados, os ventos de doces alianças, as belas passagens retidas em baús esquecidos. Ele atendeu a esse convite do passado e veio lento e sozinho, como sempre esteve, ao encontro do muito que deixara.

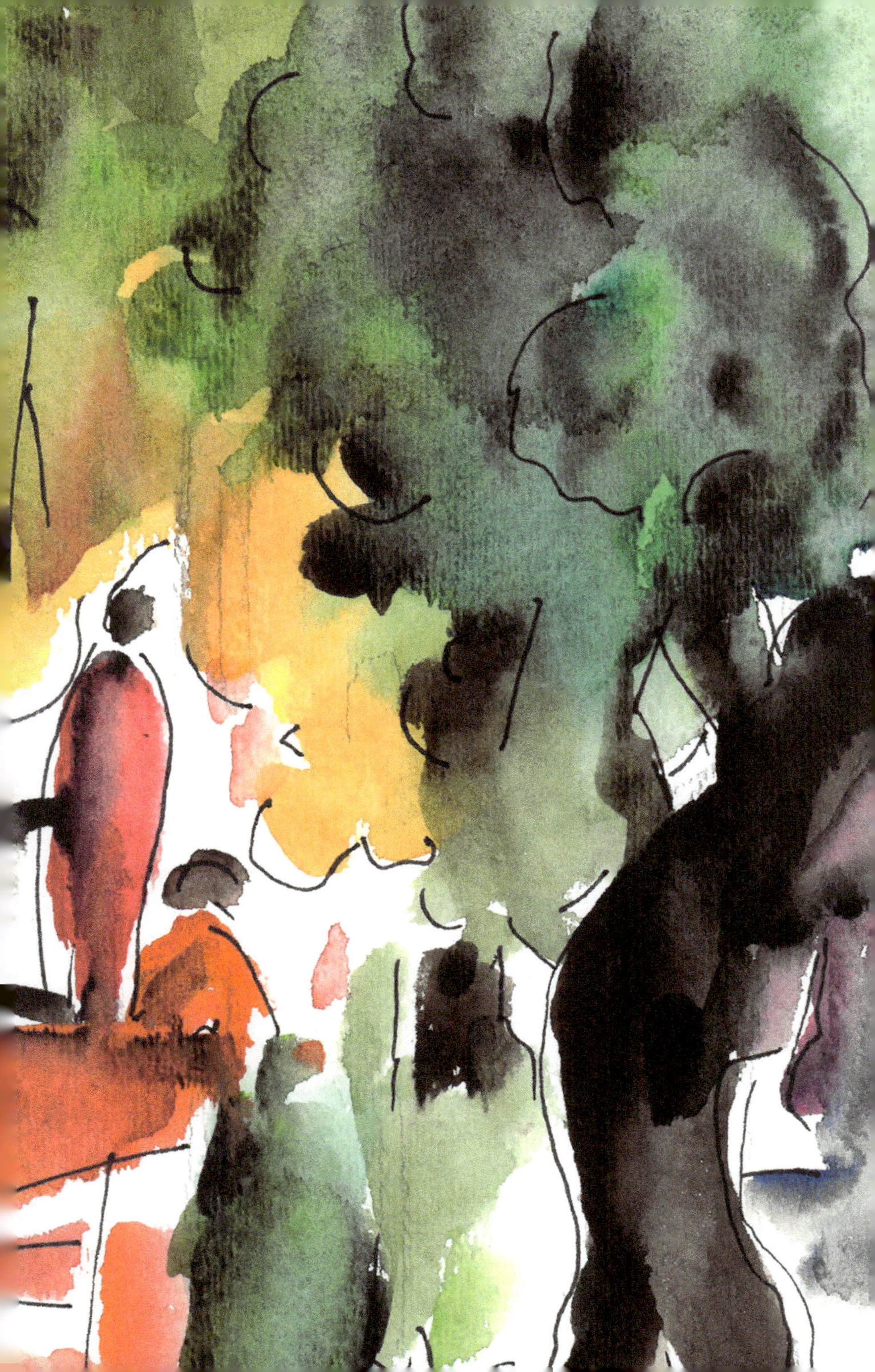

ARTISTA DAS CORES

Tão pobres minhas mãos, parcas de talento, acenam para sua arte, apontam os detalhes na desordem ordenada da sua inspiração e deslizam na beleza harmônica das cores das suas telas.

Nossa imperativa ancestralidade e semelhança física nos colocam muito perto, também, nos sentimentos. Eu busco externalizar, na música e na escrita, a explosão artística contida no meu peito, mas sinto que não me expresso com tanta facilidade.

Você, ao contrário, navega nos mares sem tormentas da criatividade, fazendo da força da linguagem plástica sua nobre ferramenta de explorar o belo. Você, cara irmã, sabe soltar suas asas de luz, ávidas por espaços. Com os pincéis sob sua batuta, elas roçam, rasantes, a tela, miram o infinito e voam, entre azuis de céus e ouros de sóis. Passeiam entre os verdes e os doces róseos, mergulham no negro profundo e flutuam nas claridades. Você e suas asas brilham nas telas e redimem a nós, seres de pouca luz.

Mas posso depositar minha emoção nas suas aquarelas, compartilhar seus sentimentos e ser cúmplice da sua sensibilidade. E, felizes, minhas mãos escassas de cores, num gesto de rendição amorosa, explodem em aplausos carinhosos a você, querida irmã. Continue colorindo os caminhos das pessoas com sua história de vida e trajetória de artista, suspensas em lindas telas nas paredes das casas, registros singulares da sua existência luminosa.

MINHA MÃE

Quando estava nas trevas, cega de luz, que mão tua mão procurava? Quando perdida nas brumas do tempo, onde o instante do nascimento se mistura com o da morte, e todas as datas, horas, minutos e segundos se entrelaçam num abraço desnorteado, sem rumo ou baliza… que mão tua mão buscava? E, quando vagava por caminhos escabrosos, mórbidos e fantasiosos, responda-me, mãe: que mão te conduzia longe dos precipícios, dos fossos e das más verdades?

Nós estávamos bem aqui, mão estendida fora do teu mundo, zelando, atentos, teus passos cambaleantes. Sabíamos que só algo maior poderia evitar uma queda fatal, um perder-se em descaminhos. Conhecíamos nossas limitações e, com a angústia batendo numa parede de distância, rogávamos que mãos piedosas te guiassem no teu mundo inacessível e obscuro. Mãe, estávamos nós perdidos, sem tuas mãos. Mães são assim: guiam muitos filhos, mesmo na escuridão do caos da vida. Filhos, mesmo muitos, perdem a bússola, ao cuidar dos caminhos das mães.

Que mão é essa que, segurando teus dedos trêmulos, soergueu seu corpo frágil do labirinto em que estava e te conduziu suavemente, expondo sua boca e nariz para o seu renovado primeiro suspiro de vida? Parto revivido, consciência do eu, choro de chegada, palmada que te despertou para nós.

Será que as mãos dadivosas ainda estão disponíveis e ao seu redor? Será que ainda poderemos contar com elas? Penso que, neste momento, conosco está a tarefa de te ajudar a percorrer novamente as inúmeras vielas e becos da nossa dimensão. E creio que as mãos invisíveis aguardam, generosamente, o momento de te receber em definitivo e de te aconchegar num manto de luz.

Um dia, mãe, queremos estar lá, também, participando da recepção (recebendo ou sendo recebidos nesse mundo de esplendor), com as mãos enlaçadas no amor que nos conduz e, por certo, nos conduzirá, na eternidade.

Sem título (2001)
Aquarela sobre papel
22 x 12 cm

MEU PAI

A falta do meu pai não remonta à infância ou à adolescência, quando pude viver a grandeza de ter um pai presente, sincero e amigo. Sua ausência eu senti na maturidade, fase na qual poderia usufruir dos seus conhecimentos e compartilhar suas dores e alegrias como alguém cúmplice da vida já vivida, amadurecida. Sinto falta daquele amigo ímpar, da sua dedicação, do seu sorriso, dos seus gestos.

Ele se foi aos cinquenta e sete anos, idade que tenho hoje, deixando marcada a perfeita dimensão da precocidade da perda. Só eu sei o quanto quero viver e conviver com meus amigos e meus queridos filhos. Só eu sei o quanto quero ficar perto da minha amada mulher e viver com ela esse lindo período da nossa vida.

Somente nós, amigos da minha geração, sabemos o quanto é bom ter saúde neste momento e, com toda a nossa experiência, tão frágil e incerta às vezes, observar a calma da vida, dando importância somente aos valores merecedores, singelos e verdadeiros.

Hoje, com essa consciência, eu tenho muito claro o quanto meu pai perdeu nos deixando, mas sei, também, com mais certeza, o quanto todos nós perdemos com sua ida. E vocês, meus amigos, sabem muito bem do que estou falando.

OS GÊMEOS

No mesmo dia, vieram ao mundo. Estavam, ambos, muito juntos, na morada anterior. Colados, acotovelavam-se, enroscavam pernas, chutando joelhos e pés. Engalfinhavam-se no escuro, tato revelador, braile de corpo inteiro. Nada de solidão, como a maioria dos humanos inicia a vida. Sempre o toque animador do outro, embalado no bater rápido dos corações; ou o pulsar das veias da mãe, marcando o compasso e a longa espera naquela casa morna e macia. E foi assim, numa dualidade cega e visceral, durante o tempo de gestação.

Certo dia, quando a luz já parecia inatingível, um estranho passe de mágica descortina o exterior. Um é retirado bruscamente, e o outro, desnorteado pelo afastamento, acaba também por ser exposto — e tudo se transforma em suas vidas. Nada de ruídos do coração. E os toques, que fim levaram? Solidão, como todos, solidão. Consolo no peito materno e no leite caudaloso a escorrer no canto de suas bocas; consolo também no afago amoroso do pai; e no calor da água quente do banho, reproduzindo com imperfeição a casa de onde vieram. Só consolo.

Estavam separados seus corpos, seus temores, seus destinos. Estavam solitários como todos os humanos, carentes e aflitos. Mas, pela interposição divina em seus espíritos, vai ficar a lembrança daqueles dias de emaranhada convivência. Suas vidas estarão marcadas para sempre por essa gemiparidade. Um lance lúdico, pouco provável, e a sinalização da efetiva possibilidade de uma feliz convivência entre irmãos.

...

Nos primeiros dias de separação, os meninos estranharam colos e afagos. Choraram como os que perdem o rumo da existência. Em seus lindos berços no quarto decorado, pouco ficavam. Era só colo e choro. Fome, saciedade e os buchinhos cheios de gases e de dor. Tudo era motivo para a reclamação do choro. A mãe se mantinha em vigília, com os bicos dos peitos em brasa, pelo sugar voraz dos pequenos. O pai, um zumbi insone, na agitação das noites de lamentos e trocas de fralda. E eles, a dupla lamuriosa, eram os príncipes das vontades mal expressas, afligindo seu séquito de ansiosos com o chororô desenfreado.

Pouca gente conseguia — e por pouco tempo — a pausa nos berros, nem sempre alternados, dos meninos. Todas as manobras eram realizadas, bruços, sacolejos no colo, carinhos na testa, benzimento de quebrantos. Os que se diziam detentores de táticas infalíveis falhavam fragorosamente. O choro orquestrado, duplo, em uníssono, era constante na casa. Todo o sono do mundo empoleirava-se nos ombros dos pais e daqueles que se dispunham a ajudar. Só eram possíveis cochilos rápidos, aos sobressaltos, entre mamadas e soluços abafados pelo peito materno. O peso desses dias fatigava braços, pernas, costas, atordoava o cérebro. A aura brilhosa da maternidade versus o nevoeiro da filiação aflitiva. Sofrimento de minutos, horas, dias sem fim.

...

Ninguém sabe bem o que se passou durante anos. Os calendários foram retirados dos pregos e o esquecimento tomou conta do tempo. Num dia seco e quente, a casa amanheceu em silêncio. As luzes da sala, acesas. As cortinas fechadas teimavam em impedir a entrada do sol. Não se ouvia mais o chapinhar dos chinelos aflitos nos cômodos à meia-luz, nem o ranger da velha cadeira de balanço no quarto dos gêmeos. O silêncio tomou conta de tudo e pequenos pássaros voltaram a revoar por ali, sem medo do choro sem fim. A fila de candidatos a interromper os gritos se foi e a soleira da porta da sala ficou vazia e melancólica.

Pela janela do quarto, por entre cortinas alvas, via-se que os berços não mais estavam ali. Uma cama abrigava um moço de longos cabelos aloirados, respirar suave, quase inaudível. Numa outra cama, um amontoado de lençóis acobertava o sono de outro rapaz, também loiro, ronco leve e macio. Sonos calmos, sonos gêmeos. E, por toda a casa, havia um toque suave de tranquilidade familiar. Há muito o choro saíra pelas veredas e emudecera, nos campos.

O segredo do silêncio e da calmaria é conhecido pelos iniciados. A mudança se fez pela força do implacável e pela regência da batuta de uma entidade mágica que circunda e muda destinos, cessa choros, acende sorrisos, transforma o imutável. Com os dedos da areia fina que corre nas ampulhetas, aquela velha senhora, matreira e simbólica chegou calmamente, pegou os bebês no colo e acalmou, com o tempo, o choro e a aflição. Quando o grande ciclo da vida se faz presente, tudo passa, tudo se vai num sopro de fogo-fátuo, num turbilhão sem fim, num assovio que se perde pelas esquinas da vida.

MARCA DA INFÂNCIA

Naquela tarde perdida no tempo, a menina de olhos castanhos e cabelos cacheados puxava para si o irmão mais novo. Com seus frágeis braços de oito anos, enlaçava o menino, amarrotando seu macacão curto de mangas bufantes feito pela mãe. O menino se deixava erguer com prazer, encostando o rosto redondo no peito magro da irmã. Seus pezinhos, a dez centímetros do chão, pendiam, colaboradores, aguardando o esforço seguinte da menina para o salto firme em direção ao pescoço e, por fim, ao colo.

O ritual, cumprido várias vezes ao dia, tinha um sabor especial após o almoço, quando o sol quente lá fora e a quietude das ruas do bairro transformavam o colo num ninho perfeito para o enlevo onírico do menino. A cadeira de balanço atrás do balcão envidraçado da oficina de relógios do pai era o embalo musicado, por rangidos, para o sono tranquilo. Em alguns minutos, ambos dormiam, corpo a corpo, coração a coração.

Apesar da fragilidade da menina, a diferença de seis anos despertava, no menino, a segurança da mãe. O carinho era de mãe. As mãos da irmã, longas e leves como as de uma artista, eram fortes o suficiente para erguê-lo, trocá-lo e fazê-lo dormir. A oficina de relógios dormia com eles, esquecendo as horas e os irritantes despertadores. Carrilhões e cucos cochilavam, contando minutos e tique-taques. Tardes de colo e sonho, num canto de mundo cheio de contadores de tempo, que, preguiçosos, perdiam a contagem.

Nesse tempo, para a menina, o menino pesado como chumbo era seu leve bebê, loiro, rechonchudo e obediente. Bebê de olhos azuis que surgiu num dia de julho, após o sumiço temporário da mãe. Um boneco para brincar e treinar a maior das graças, que é ser mãe. Ensaiava os passos do amor materno com poucos erros. O menino protagonizava o papel do bebê, sem decorar falas, contando somente com as armas que Deus deu às crianças e que os adultos perdem sem perceber. O fino cabelo de ouro do menino, um fiapo, um quase nada, tremia ao ser tocado pelas palavras cantadas pela menina. Nas cantigas de roda entoadas, tão perto ficavam e se abraçavam, que as rimas assoviavam roucas nos ouvidos meio tapados de proximidade. Treinavam o deleite da convivência prazerosa e preparavam o espírito para clarear as escuridões com o amor fraterno e materno de que tanto precisa a humanidade.

Naquelas tardes, os irmãos preparavam os caminhos que trilhariam na maturidade. Trocavam, entre si, o necessário e alimentavam o essencial, gozavam o imanente. As tardes ficaram no tempo, entre tique-taques e badaladas tristes. Mornas lembranças emergem, vez em quando, para resgatar o treino de calor amoroso que marca suas vidas até hoje e estarão presentes em cada criança sonhadora, em cada tarde, nas oficinas do mundo, nas cadeiras de balanço, nos seus rangidos embaladores, por todo o tempo, até o infinito.

IRMÃ

Olhar ao redor e constatar a avassaladora força dos fatos. Você vai divisar, minha irmã, mesmo ao longe, a fumaça das queimadas, a fuligem das cinzas do fogaréu. Telhados descobertos, muros derrubados, postes caídos. Não poupou natureza ou sensibilidades. Como gigante mal-educado, sentou-se nas delicadas cadeiras de palhinha e apoiou os pés barrentos na cristaleira, partindo taças e porcelanas. Arruinou tapetes, revirou gavetas, deixando lascas e cacos pelo chão, e barro, nas toalhas alvas de linho, num turbilhão de desencontros, perdas irreparáveis e despedidas.

Você pode olhar ao redor e perceber concretamente o tornado que se abateu sobre seu caminho. Não ficou pedra sobre pedra. Só restaram a fé e a esperança, que vacilaram em momentos, mas resistiram à tormenta. Olhar ao redor também pode significar o encontro de um escombro mais alto onde você poderá subir e olhar o horizonte.

Não tenha medo da altura, pois a fé não a deixará cair. Olhe a linha em que o sol se põe e tateie, com esperança, o limite entre o céu e a terra. Aguarde com um pouco de calma e, certamente, os primeiros raios de luz virão povoar seus dias. Novas folhas nascerão dos descaminhos e flores poderão ser colhidas na primavera. Divise além da luz e verá, com olhos de tolerância e caridade, toda a extensão da incompreensível sabedoria divina. Eleve-se mais alto, sem medo, alcance o topo do amor. Nele, com fé e esperança, verá a saída para estes tormentosos momentos da sua vida. Deixe os escombros e as dores para trás e olhe em frente. Siga o brilhante caminho de luz que Deus lhe reservou. Aprenda com a desventura, reviva das cinzas, cresça no acolhimento.

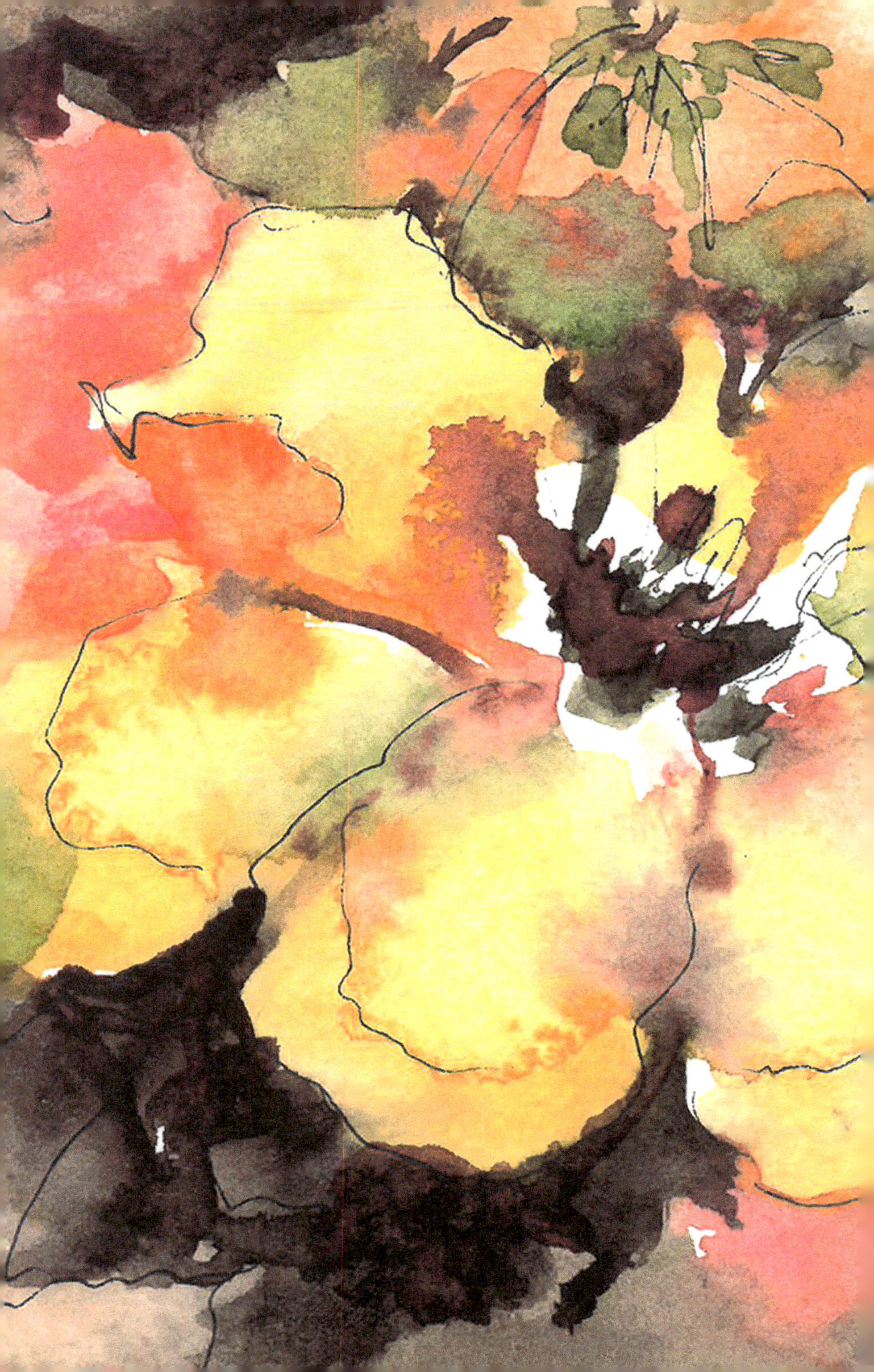

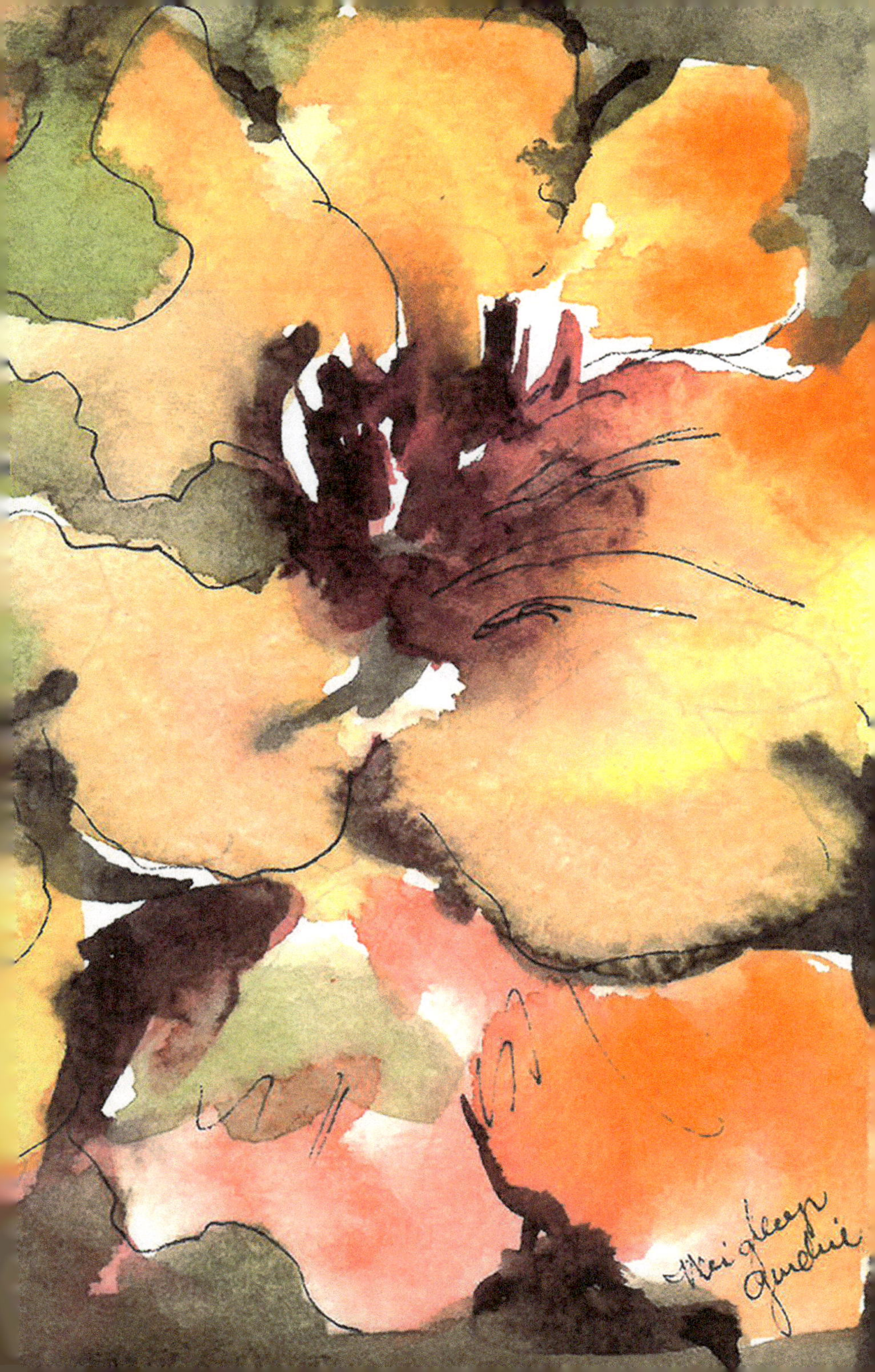

O GUARDIÃO

Ninguém sabia explicar a rejeição da neta ao avô. Nos cantos da sala, com olhos de cão pedinte, contentando-se com migalhas de sorrisos e olhares furtivos da menina, o avô, homem já maduro e pai de três filhos, carregava, desde o nascimento da criança, a sensação de pouca proximidade. Linda e muito sensível, ela não o procurava. A avó, companhia preferida da menina, enfeitava seus cabelos, vestia suas bonecas, conversava com seus sonhos. Montava seu corcel branco da meninice e galopava lado a lado com a neta, em trote silencioso. O vento imaginário desalinhava seus cabelos de mulher e os da menina, esvoaçando as crinas dos corcéis. Iam juntas, caminhos dos devaneios, brincadeiras de faz de conta.

Com seus limites de homem esquecido da infância, o avô ruminava vontades lúdicas do agora, do seu momento de quase velho. Sentia falta da atenção da neta e aspirava por seu toque e seu carinho. Na ânsia da aproximação, buscava cantar como cantara para seus filhos, fazia caretas, ameaçava cócegas, oferecia guloseimas. Suspirava cara de choro, mas seu sofrimento não a tocava. Gastava energia, jogava com a emoção, falava em tristeza e desamparo, porém de nada valiam suas artimanhas. A menina, inabalável, olhava suas atitudes com desdém, montava seu corcel nas pradarias com a avó e partiam as duas, deixando só o pó dourado da fantasia no ar.

Por sutis que fossem, podia-se, no entanto, notar alguns lampejos de apego da neta ao avô, em momentos fugazes, como quando estava mais fragilizada ou com pequenas dores ou incômodos físicos. Nessas ocasiões, deixava-se acariciar levemente pelo avô. Parecia que o porto seguro das intempéries era ele, o excluído dos seus sonhos e viagens. A dura realidade os aproximava. O sono, a irritação das perdas, o apetite mal interpretado, o lado penoso da vida empurrava a menina para o avô. Nada de bonecas, corcéis e a vovó nessa hora, só a mão leve e segura do avô. Mas, após breve contato e suave concordância, ela subitamente saía em disparada, mergulhando no seu canto onírico de infância em plena vigência. Eram, para o avô, pequenas sinalizações de uma escolha inexplicável, vindas do íntimo daquele pequeno ser encantado.

Numa tarde, quando a neta e suas brincadeiras corriam livres e o avô rondava à parte, veio a febre. A menina sentiu os lábios tremerem e um frio agudo passou como vento de inverno. Os dedinhos lívidos de frio tocavam em tudo, gelando as paisagens floridas do faz de conta daquela tarde. Toda trêmula, amarrou seus sonhos numa árvore azul, tateou ao redor e pressentiu que a tábua de salvação estava por ali. Rasgou o véu da fantasia, respirou fundo na realidade, afastou pai e mãe, passou rente à avó e, com o rosto cheio de esperança, saltou para o colo do avô. Seus pequenos braços se enrolaram no pescoço dele e suas pernas se cruzaram na sua cintura. Com a cabeça encostada no peito do avô, sentiu o suave ruído da sua respiração e alguma lembrança boa, de tempos antigos e viscerais, tomou conta do seu ser. A barba rala e dura do avô mergulhou no ouro dos cabelos da neta e os corações em sintonia determinaram, então, o ritmo do acalanto da cura; naquele mar de calor dos seus corpos, o frio se desfez.

Quando o sol já se perdia no horizonte, acordando calmamente no colo do avô, a garotinha, já refeita, mirou suas rugas e o fundo dos seus olhos. Nesse olhar, ambos tiveram a certeza de que ali, naquele momento, se apertava permanentemente o laço de uma união. A partir desse abraço febril, um ou outro começou a investir em jogos de sedução ou conquistas. Os castelos, os corcéis, a avó e as princesas dos sonhos da menina estão seguros como nunca, entregues ao novo personagem das brincadeiras, seu avô amigo e guardião ancestral.

SESSENTA ANOS

Venham e tragam suas bagagens de recordações. Abram seus alforjes de sentimentos acumulados, pois este é o lugar e o momento de serem revistos, celebrados e, de novo, amados. Tragam também seus sonhos já construídos e seus devaneios futuros. Vamos juntos, aqui, construir e semear a fé no porvir.

Venham todos com os corações nas mãos, libertos do medo de amar, e acalentem conosco a cumplicidade de amizades ancestrais, amores de outros mundos, mistérios de outros universos. Aceitem nosso convite e venham. Vocês são a certeza, na selva de dúvidas e inseguranças. Não será o acaso o mote do nosso encontro. Neste dia estaremos juntos, de novo, atendendo ao chamado dos insondáveis desígnios universais que cruzaram nossos caminhos, teceram nossas histórias, selaram nossa amizade.

Venham e cumpram, sem relutar, nosso ritual. Só assim nos sentiremos realmente com sessenta anos.

Floral 4 (2000)
Aquarela sobre papel
16 x 10 cm

CHEGANÇA

Chegaram de vários lugares, com malas coloridas, pacotes de sabores e texturas, saquinhos de bondades e sorrisos. Vieram com as mãos cheias e o peito quente. Esparramaram roupas e sapatos pela casa antiga. Nas gavetas do aparador da sala, colocaram os valores; nos quartos, o descanso; nos banheiros, o asseio das mãos e dos corpos. Foram dispersando perfumes, afagos e canduras pelos cômodos. Dos lábios brotaram sorrisos e falas doces e carinhosas. Não se ouvia o silêncio, e a casa remoçou no sonho daquela reunião. Escancarou-se de porta a porta e abriu janelas para o sol da amizade. A vida em família despertou a alma da casa com dias de luz e renascença.

As cores das toalhas e vestes baixaram o arco-íris; o som das vozes e das músicas invadiu espaços vazios, cantos obscuros e gavetas emboloradas; e os fantasmas de outrora despertaram e bailaram no ritmo da vida.

Os aromas das comidas, o sabor da carne assada, o cheiro das bebidas e seu efeito inebriante ofertaram, ao encontro, a graça prometida pelo Divino, pois são felizes aqueles que habitam em união. E, ali, a graça se encontrava: sim, no amor puro, no peito limpo, no sorriso aberto. A família estava reunida e todos beberam dessa fonte salutar, comeram do pão fraterno e, numa alquimia celeste, comungaram a fé na união, no cuidado e no afeto sincero.

As horas correram calmas e alegres; o dia escoou pela fresta do anoitecer e todos retornaram aos seus sítios em conduções diversas, catando pela casa suas roupas, emoções, as malas lotadas de carinho. Arrebanharam, pelos caminhos, os acenos de paz e harmonia, e levaram em seus corações aquilo que dá sentido às nossas vidas: o amor incondicional.

ANIVERSÁRIO

Vocês estiveram em nossa casa como se estivessem em suas casas. Ocuparam os espaços que mais lhes agradaram, conversaram e riram com quem mais simpatizaram, deixaram a emoção aflorar e a colaboração entrar em cena como uma convidada especial. Comeram em pratos escolhidos e com talheres simples, sorteados ao acaso. Apreciaram os sabores desejados e simplesmente recusaram, sem cerimônia, as aventuras desconhecidas do paladar. Trocaram olhares e sorrisos, acenaram para as crianças e, com elas, riram calmamente das próprias atitudes e manias. Em cada bebida, acharam prazer; em cada som, uma música. Nas cores das flores e das roupas, fizeram festa; na casa, o encontro; e, no encontro, o riso e a emoção.

    A alegria estava por toda parte, enfeitando os cantos e os sofás, colorindo segredos cochichados e cúmplices. O carinho em cada toque, em cada movimento. Enfim, o amor em casa, cálido e doce — como só lá pode ser. E a casa ficou feliz, com a família tocada pelo perfume dos usos antigos do clã. Um reduto de gente em festa, a comemorar o amor e a união, tendo, como pano de fundo, disfarçadamente, a sutil fantasia de um simples aniversário.

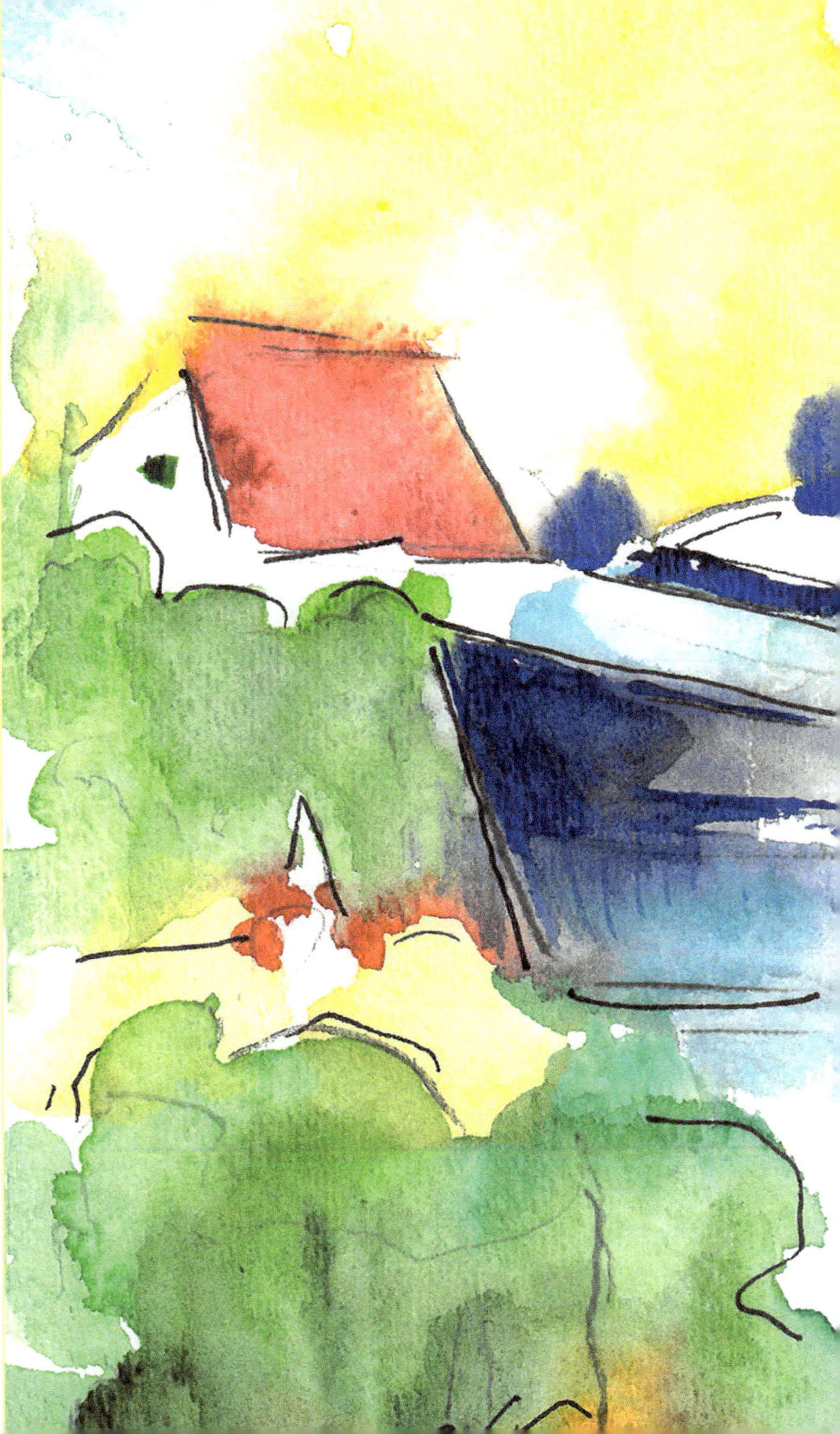

A NETA, OS SUSPIROS

O doce gosto do suspiro acariciou o céu da boca da neta, derreteu na umidade da língua, esparramou pelos lábios e desenhou lindo bigode de açúcar. A pequena mão, sôfrega de vontade, buscou no saco plástico mais um suspiro. Eram já onze suspiros saboreados, e os olhinhos brilhantes dos primeiros anos de vida viajavam pelos cantos da sala, tudo olhando, nada vendo, no distraído prazer do sabor e da textura. Dividindo o assento com a criaturinha, na sua poltrona de repouso, o avô saboreava o momento e disfarçava o riso, enquanto a pequena mão segurava, como a um tesouro, o saquinho dos doces.

Distraído com a comilança, o avô recuou no tempo e sentiu o sabor dos doces de venda da sua infância. Nada se igualava aos multicoloridos de batata-doce, de abóbora, marias-moles e merengues. Cobiçados, através do vidro empoeirado do balcão, eram joias compradas somente em dias especiais, por motivos também especiais. Já os suspiros eram vendidos nas padarias. Por vezes, feitos em casa, por mãos maternas muito amorosas, mas que nem sempre atingiam a crocância daqueles. Os doces das vendas eram os favoritos das crianças da época, não havia suspiro que os suplantasse. Envoltas em papel rústico cor-de-rosa, aquelas guloseimas de cores vivas eram o prenúncio de delícias inigualáveis.

O farfalhar do saquinho de plástico despertou o avô das suas recordações e a mãozinha ávida da criança buscou o último suspiro. O doce pairou no ar, a cabeça alourada virou-se, olhou para o avô como que buscando adivinhar seus sonhos e lembranças. Um sorriso revelador da criança fez enrubescer a face do homem, flagrado em seus devaneios. Com movimento firme e delicado, a neta ofereceu-lhe o décimo segundo suspiro.

Desconcertado, num meneio de cabeça, foi surpreendido pela pequena, que colocou o doce em sua boca, selando a cumplicidade entre eles. Ao dividir o suspiro mais gostoso das duas gerações, o tempo parou para observar pacientemente a mistura de doçuras e memórias.

Sem título (2002)
Aquarela sobre papel
22 x 8 cm

FILHA MINHA

E o sol do seu sorriso,
num brilho quente, dourado,
encheu de luz o meu peito,
de repente, afortunado.

A tela de cores fortes
dessa bela idade vivida
mostrava a todos o rumo
de uma incontida felicidade.

Num arroubo de encanto,
tão comum nos seus trejeitos,
descreveu tudo o que viu
com voz de brisa e riso estreito.

Da cor da roupa aos cabelos das amigas,
atenta a tudo, da realidade ao sonho,
pequena esponja juvenil dos fatos
aprende, ensina e transborda jovialidade.

Por um breve momento, o olhar se turva
e se faz, próxima, a tempestade,
como um turbilhão de amor e ódio,
troveja, venta, chove, clareia a vaidade.

Instável como a pluma ao vento,
faísca de emoção em meio à razão fugaz,
ora veste cinza, ora tira o manto,
ora enevoa a luz, ora alumia a escuridão.

Aos dezesseis anos ela é assim,
fonte de ilusões e beleza,
passado de broto, presente de flor,
árvore do amanhã, refúgio de aspirações.

Filha minha, moça menina, filha querida,
suave dádiva dos arcanos.
Cintila você entre os brilhantes
e aquece de vida meus cinquenta anos.

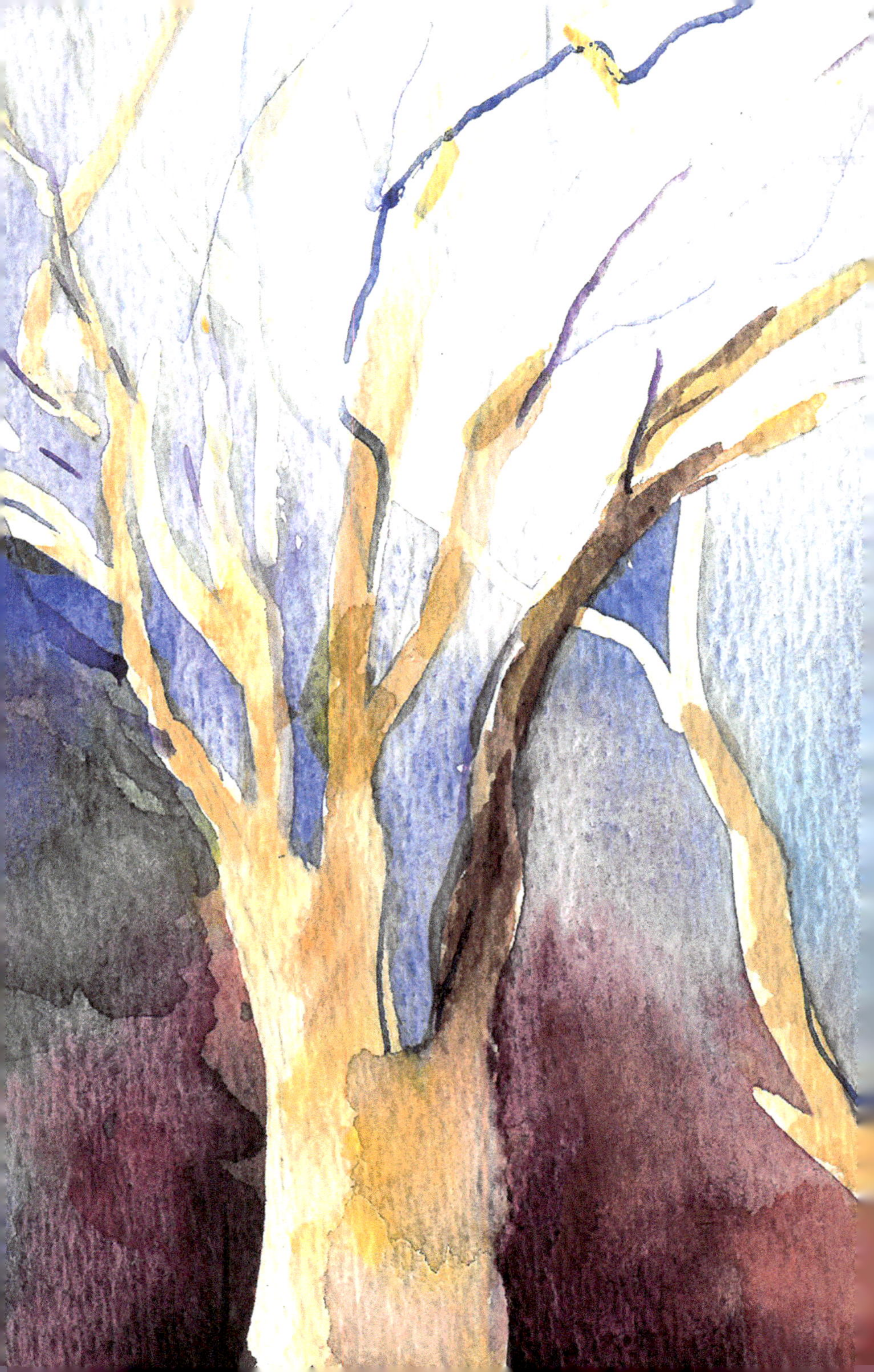

PARTE 4

Reflexões

A CAÇA

O momento de escrever parece não chegar. Aguardo, espreito, vigio.

A caça não sai para pastar. Meu jirau, suspenso na imaginação, balança, impaciente, sobre as letras. E a escrita não surge, não murmura nem sussurra. O momento não chega e o tempo não para. Até quando minha pena ficará solta sobre o papel, assim como uma esquecida e velha arma, no depósito do exército de um país sem guerra?

O momento virá amanhã, talvez, quando o dia nascer. Tenho esperança, também, que ele venha ao surgir da Vésper; furtivo, mas substancioso, riscando meus brancos papéis imaginários. O amarelo do sol, o negro da noite, as cores do alvorecer, tudo ao dispor para a inspiração e você, meu momento de luz, não vem. Contemplo com mãos amorosas a contenda da persistência e a oriental paciência de quem precisa desvendar essa sabedoria. Ficarei aqui, quieto e recolhido como hibernam os bichos, ou na quietude da semente, aguardando o entusiasmo criador. Mesmo arredio, sei que ele virá, explodindo na expressão, brilhando nas imagens e colorindo os conteúdos grafados pela alma poética. Venha, meu momento, estarei pronto.

Outono (2001)
Aquarela sobre papel
22 x 14 cm

MARÉS

"É preciso estar atento e forte", diz Caetano, na canção. Atento e forte aos acontecimentos inéditos e surpreendentes da vida. Teimamos em planejar o futuro. Podemos pouco sobre os desígnios dos fenômenos naturais. Tentamos nos iludir, driblando as certezas da vida e da morte. Vivemos acreditando que tudo permanecerá estável; mas as frágeis relações humanas, nossas imprevisíveis condições físicas e outros exemplos do imponderável são acenos da instabilidade em nosso microcosmo. São lições a serem aprendidas e decoradas. São verdades das quais ninguém escapa. Nossa felicidade não é duradoura, assim como nossa desgraça. Tudo muda, tudo acaba e revive. É o renovar dos fenômenos que nos escapa, por nossa míope sabedoria imediatista e tola.

As pessoas ficam deprimidas porque os acontecimentos fogem ao seu controle. Os filhos não são à nossa semelhança. Nossos eternos amores se acabam. Nossa carreira profissional não é a desejável. Nossos sentimentos mudam num turbilhão sem controle. Enfim, a maioria dos eventos independe da nossa vontade. Nada está sob controle, mas as pessoas não esperam os reveses. As vitórias são o estímulo para apagar a possibilidade de derrotas. O homem crê pouco nas derrotas e sofre quando se vê impotente diante delas.

A reflexão sobre os episódios da vida pode nos mostrar alguns caminhos, pode nos fazer parar de correr e repousar corpo e espírito, vivendo com sábia intensidade o dia presente. O dia passado pode nos ensinar a viver o futuro sem as frustrações da ansiedade incontida. Pode nos ensinar a esperar, com tranquilidade, as surpresas doces ou amargas que a vida nos oferece e, assim, estarmos atentos e fortes no aguardo das marés e suas mudanças intermináveis, incompreensíveis e fascinantes.

SINOS E BUZINAS

Os sinos, lá longe, os sinos. Uma janela de pedra esconde a silhueta do monge. A vista do pátio interno, quadrilátero com fonte, onde os pássaros fazem o asseio matinal. Coada pelos telhados, a luz forma o rastro que banha de vida os cantos obscuros do mosteiro. Há uma atmosfera de profunda reflexão sobre a fé, sobre os mistérios do universo.

As buzinas, lá longe, as buzinas. Uma janela Blindex® esconde a silhueta do homem engravatado. A vista da avenida, retângulo com semáforos, onde há muito não se ouve o canto dos pássaros. Filtrada nas nuvens de enxofre e poeira, a luz de neon e sódio irradia as cores da asfixia e dos sibilos. Em tudo, um clima de profunda depressão. A fé mergulhou na tentação dos desejos e nos mistérios da perdição.

— E Deus? Está no mosteiro ou na avenida?

— Está nos dois.

— Mas onde ele vive com mais força? Com os monges ou com os engravatados?

— Ele está em tudo e age segundo as condições que encontra. Com os monges, na fé e na oração fervorosa. Com os cidadãos das metrópoles, é a tábua de salvação no último momento. Deus sempre vibra em tudo, como vibram todas as formas do universo; e comandará cada vibração com sua infinita bondade. Somos criaturas da sua mente infinita, ele está em nós, e nós temos muito Dele. Somos atores do seu palco divino com scripts determinados e nunca devemos nos esquecer que Ele jamais nos abandona.

Roguemos para que o homem creia, com fé, que Deus está nos mosteiros, nas avenidas das cidades grandes e pequenas, entre pobres e ricos, recheando de amor cada ato humano e nos preparando para a luz que brilhará à frente, talvez um pouco mais além, talvez mais próximo do que julgamos.

NA PAUTA

Estender a mão, capturar as notas musicais, juntá-las na pauta e oferecê-las, em nome da amizade. Buscar os sonhos perdidos da adolescência, trazê-los para perto, acariciá-los com mãos maduras de muita sabedoria e, no ar, criar as melodias que afagam o espírito. Escrever com acordes musicais a grande harmonia da vida e a obra dos homens mais velhos — com almas de menos velhos. Dispor simbolicamente, nas notas musicais, entre o andantino e o alegro moderato, a obra desses guardiões do universo.

Nossos sonhos, alimentados; nossos palcos, repletos de gente amiga, de aconchego. No canto, no solo, na percussão, os sons da tarefa não resolvida, deixada para depois. A certeza de voltar a ela, um dia, com prazer. Guardados em envelope pardo, numa gaveta, ficarão esses acordes como tesouros, conservados no carmim dos sonhos musicais, no azul dos desejados camarins das nossas existências. Montar na pauta o último solo, a última tocata e nela oferecer ao tempo a longevidade do artista, sua obra e seus delírios. E que venha o imortal aplauso!

A CASA DO AÇUDE

Pelos tijolos centenários do piso gasto e irregular, passos trotam, no silêncio da noite recém-chegada. E, nos fundos misteriosos do tempo passado, homens buscam o carinho da amizade conquistada. Na luz amarela, sob o forro sem retoques, manchado pela umidade, e através das paredes silenciosas e sem correções recentes, em sua real altivez, vislumbra-se a calorosa recepção. Rostos marcados pelo tempo e pelas mágoas vividas abrem-se em sorrisos e os braços se estreitam em afetuosos abraços. Tudo ali é ritual, repetido ao longo das existências. A casa presenciou, acalentou e calou, nas suas portas e janelas. Os homens sentem a proteção da velha cumplicidade da casa e repetem suas rezas, mantras e segredos. As portas abertas, as vozes, o tilintar de copos e o raspar de facas é a sinfonia do lugar. O silêncio ao redor, quebrado pelos ruídos de insetos e aves noturnas, esconde o segredo do culto.

Lá fora, na baixada de terras lavadas de chuva, a lua refletida no açude, mergulhada nos sonhos dos pescadores, sorri pela possível fisgada do maior peixe na menor vara e na mais fina linha. Peixe estelar, sonhado e acorrentado ao telhado da casa, e solto somente no adormecer dos homens, quando as amadas vêm acalentá-los. Testemunhando presenças e certezas, os peixes saltam e borrifam sua sempre perene forma em rodas de ondas prateadas. A casa se debruça sobre as águas, joga sua sombra lunar esquadrejada, faz a guarda das vidas aquáticas; a frialdade do açude avança pela relva e molha os pelos do cachorro preto que dorme na soleira e vela, com aspirações de cão, as peripécias do culto além da porta; e a vida estanca, para assistir e se divertir com o momento.

Por anos, o grupo de conspiradores do amor vem para a casa nos estertores da tarde. Sem atas formais, registram suas opiniões, confissões, descaminhos, sonhos, tristezas. Misturam tudo na alquimia dos sentimentos e transformam a pedra feia e plúmbea do cotidiano em ouro luzente. Entre comidas de puro sabor e bebidas do bem-vindo quebrar de algemas, derramam o sal sobre o branco e doce açúcar das amizades e purificam os anos de vida em comum. Correm a servir uns aos outros — servidão vital para o espírito. É o infinito refinamento das paixões, que crescem na felicidade e são abatidas na frieza da razão do depois. Esses homens, tão comuns ao meio-dia e ao entardecer, são semideuses à noite, na lógica ilógica dos bêbados e dos apaixonados, transmutados pela força das cúmplices virtudes — conhecidas somente por poucos; cobiçadas, talvez, por muitos.

Resta, na madrugada, o silêncio do sono, quando as palavras se calam, o cansaço se instala, os sussurros se dissipam e as risadas se transformam nos sonhos dos homens que ali repousam na riqueza de uma casa exclusiva, velha e sábia. Tudo se aquieta, pois, sob seus telhados toscos, adormecem a paz dos justos e a vívida certeza da impermanência dos homens. Todos dormem, mas logo estarão prontos para voltar ao perene brinde ao amor e à convivência, como saga que nunca se acaba. A casa e seu açude serão, para sempre, testemunhas caladas dos valiosos segredos das vidas desses homens.

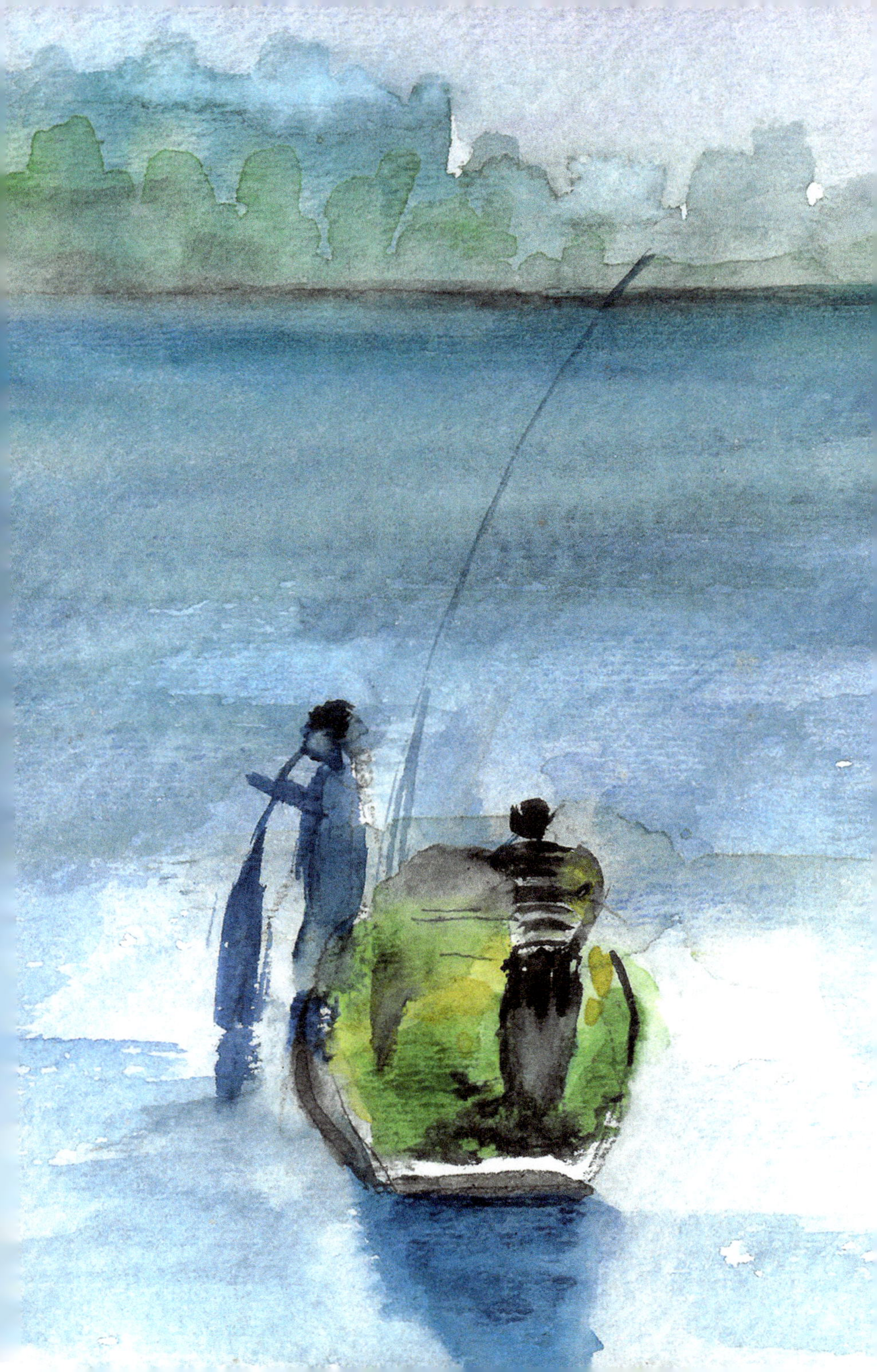

MEMÓRIA

Queria ter, nas palmas das mãos, como pedras preciosas recolhidas por garimpeiros, os passos da minha existência, perdidos no tempo. Poder separar, na bateia da memória, o cascalho rústico das boas lembranças.

Onde foi que os momentos tormentosos esconderam seus corpos obscuros? E onde estão os de leves delícias, seus corpos de éter e luz? Onde ficaram as sensações, as angústias, os leves toques de amor em minha pele? Por que minha capacidade de recordar o que vivi é tão restrita?

Não acho que vivi tudo o que digo e dizem. Só o que vivencio agora parece real; e subsiste pouco, muito pouco de tudo que passei. Será que a Divina Providência me poupou do fardo de viver com todos os grandes e pequenos momentos, abafando com mãos de piedade a cruz das sensações de uma vida carregada de emoções?

Deus me deu a misericórdia de viver e sentir intensamente o presente, bloquear muito do passado e sonhar, com esperança, o futuro. Se assim não fosse, se tudo a mim fosse permitido recordar e sentir, pela sensibilidade que aflora em minha pele, talvez hoje eu fosse um moribundo afetado profundamente pela doença cumulativa das emoções. Morreria, aos espasmos, de felizes ou tristes esgares, boca entreaberta esperando o mel ou o fel de mais uma sensação, de mais uma explosão no meu sensitivo e combalido peito.

O MAR

De longe, observo suas andanças, seu vai e vem bravio ou calmo. Percebo sua inquietação quando o vento se mostra e as nuvens toldam o sol. Sinto seu ciúme da solidez do rochedo e seu abraço mortal, líquido e asfixiante. Sua espuma fervilha no esforço da paixão demolidora. Sossega, então, camuflado de espelho; rodopia nas profundezas e explode, num ronco medonho, dentro de tocas e cavernas. Estertor milenar e infindável das marés cotidianas, ouvi-lo é como ouvir o roncar dos milênios, renovados a cada onda, a cada marola.

Você canta seu lamento de prisioneiro das areias e dos rochedos. Você murmura, nas noites de lua, seu rancor de escravo cativo no leito. Restrito à sua senzala, dança e lamenta como os negros nas noites de banzo. Tem a força de mil continentes, mas submete sua potência a poucas ilhas, praias e penínsulas. Gigante piedoso dos seus amos, resfolega, bufa e se submete. Conhecedor da sua força, recua após o avanço, ao comando das luas cheias. Espuma tolerância e permite que seu dorso seja povoado por precárias embarcações. Consente que a leve madeira, projetada para zarpar, risque suas lâminas de água e chegue ao destino, repleto de sonhos e histórias de marujos mofados e barbudos.

Com delicados movimentos ondulantes, acalenta as almas navegantes, envolve corpos de náufragos, sepulta nos seus abismos os mais temerários. Você recolhe todo o sal do mundo, adoça nosso olhar com suas cores e contornos mutantes, e povoa nossos temores ancestrais. Fascina e espanta, como a força do universo contida num frágil frasco de cristal.

Ambígua figura dos meus sonhos, liquefeito senhor dos penhascos submersos, um dia irei até você. Livre da minha matéria medrosa e fraca, mergulharei no seu corpo como um bucaneiro do além, como um conquistador destemido, e descobrirei seus segredos e tesouros soterrados em baús, no lodo dos mistérios abissais.

Pesca (2001)
Aquarela sobre papel
16 x 12 cm

TEMPO PARA VIVER

Antes que tudo esteja consumado, temos o tempo a ser vivido. Viver hoje é abandonar os bravios ventos da juventude e trocá-los pela brisa calma da doação dos bons e perenes sentimentos.

Nossos barcos, velhos barcos de velhas tormentas, têm os cascos repletos de cracas das vitórias em mares tempestuosos; agora, sábios e proféticos, velejam em ondas azuis e brumas diáfanas e se aproximam suavemente do porto do equilíbrio, da fé, da esperança e da caridade.

Nesse novo navegar, marujos fiéis da tolerância estarão ao nosso lado, içando velas, inclinando a bombordo, puxando retrancas e indicando o rumo estelar. Outros estafetas fiéis mostram que o Grande Senhor é nossa bússola; que partilha e consagra, à vida, o pão e o vinho. Antes de aportar, talvez sobrevenham tempestades e vagas gigantescas e será o tempo de abandonar cargas ao mar, largar tralhas e pertences, que, por certo, não nos pertencem. Procuremos aquele remorso, aquela mágoa, maus pensamentos, palavras pesadas, enfim, tudo que possa nos fazer afundar e varramos para fora do convés rumo ao mar profundo. Larguemos para trás valores do passado, conquistáveis nos tempos em que podíamos e queríamos conquistá-los. Olhemos para eles como flâmulas nas paredes dos quartos de adolescentes, extemporâneas na maturidade, quando não são mais desejadas ou vistas nem causam emoção.

Abandonando os entulhos, na velhice, ficaremos com as recordações leves e felizes. Ao seme á-las nas falas, nos gestos e maneiras, continuaremos sendo amados e lembrados pelos mais jovens. Eles nos manterão vivos como cartas especiais, como coringas, para uso pessoal no momento da saudade, da angústia ou necessidade.

Chegou a hora de desmontar nossos quartos de recém-casados, recém-formados, recém-empregados, recém-qualquer--coisa e assumir o nosso caminho de almas experientes e tranquilas. Conduzamos nossas vidas com menos riscos, por mais instável que seja o mar.

Ao abandonarmos nossas paixões desmedidas, pesos e passados descartáveis, nossa embarcação de convés limpo e velas calmas navegará rumo ao sol redentor; e, em uma tarde de paz celestial, entregaremos nossos corpos e espíritos nas mãos do Criador.

O BRILHO DO ARTISTA

Do mesmo lugar de onde vem o brilho do artista, também se refugiam, por certo, as luzes da sensibilidade. O brilho vem da busca infinda do fogo que transforma a realidade em arte. O ser humano nunca foi tão longe nessa busca, nesse afã, com ímpeto voraz de se aproximar do divino, nessa rara capacidade de transformar o físico em espírito.

A arte e o artista são a dupla da perpétua busca; um cão mordendo a própria cauda, um moto-contínuo de retroalimentação. Num só gesto do artista, a personagem ganha forma, a criação flui. Num gesto, o triste, o suave ou o arredio se manifestam como vívidos reflexos da imaginação. Pela vontade do artista, tudo surge e ganha vida. Parto misterioso da mente e da alma, luz brotando, explodindo e colorindo o desbotado.

O artista tira forças do universo, capta o que poucos percebem, muda e ilumina os caminhos. Essa forma de transformar é de domínio dos deuses e dos puros, e pode transformar chumbo em ouro, matéria em essência.

Por certo, o lugar de onde vem esse dom não é para todos. A força do artista vem da reserva espiritual e física do talento e do brilho; refúgio; um espaço mental elevado, entre as asas dos querubins, cujo esvoaçar pode transformar, proteger e até salvar.

O artista, em algum lugar entre os anjos...

A LUZ, A FRESTA, O INTERIOR

Por qual fresta da janela a cor do mundo entrou? O esguio raio solar invade a penumbra do quarto. Meio adormecido, olho aberto, olho fechado, ofuscado, procuro a origem de tal indelicadeza. Tapo com a mão o sol invasor e abano a cintilante manifestação, mas nada detém a cálida presença. A claridade vai empurrando a escuridão, que se refugia nos desvãos do quarto e nas gavetas dos móveis. Envolto entre lençóis e plumas do travesseiro, aprisiono a angústia sob a colcha e espremo a preguiça entre os joelhos. Tremo.

A luz, a essa hora da madrugada? Intrusa aparição no meu sono e incompreensível visão. Correndo a mão pela cômoda, acendo a luz e tudo se apaga. Apago a luz e tudo se acende. Luz matando luz. Batalha dos lúmens. O cérebro lampeja de obscura incompreensão e fervilha o sangue, que ignora o significado do contraste. Luz e sombra, polos da mesma propriedade, aliando-se e se aniquilando.

Às voltas com a luminosidade, busco fechar os olhos e vejo, agora, numa visão inconcebível, que a luz que me cega também está dentro de mim. Vejo crescer uma claridade interior, transbordar pelas órbitas dos olhos, escapar pelas cavidades da cabeça e se derramar sobre o linho do leito, brilhando tudo, cintilando tudo.

Submisso, aceito a calma dessa claridade interior, fujo da luz da fresta da janela e nego-me a abrir os olhos. Estou agora em mim, iluminado e só. O quarto escuro, as luzes acesas, a janela cerrada e eu fechado em mim, na paz da minha luz.

MENSAGEM AOS MÉDICOS

Quando a dor cessa e a paz retorna ao espírito,
o médico atinge seus desígnios.

O estudo e o treino podem aliviar a dor do corpo,
conduzindo o médico ao seu objetivo puramente técnico.

Porém, o que o faz se aproximar de Deus é a fraternidade.

A mão fraterna que acaricia o espírito deve acompanhar
a mão que agride o corpo, na busca da cura.

É o par de mãos que se completam:
a mão técnica se dirige para as coisas dos homens,
a mão fraterna para as coisas de Deus.

O médico não pode prescindir de nenhuma delas.

Será só máquina, sem a mão fraterna, e só sacerdote,
sem a mão da ação.

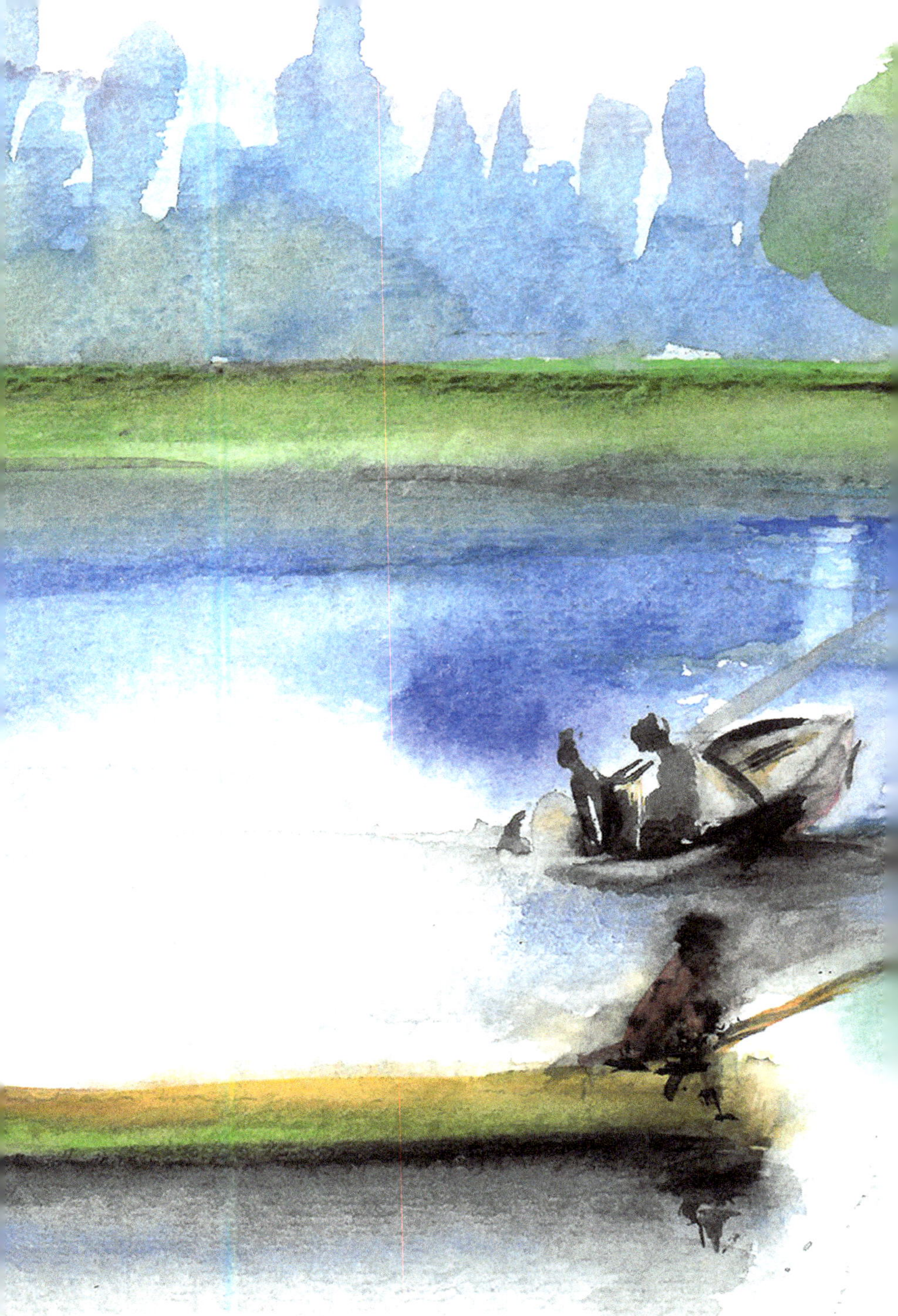

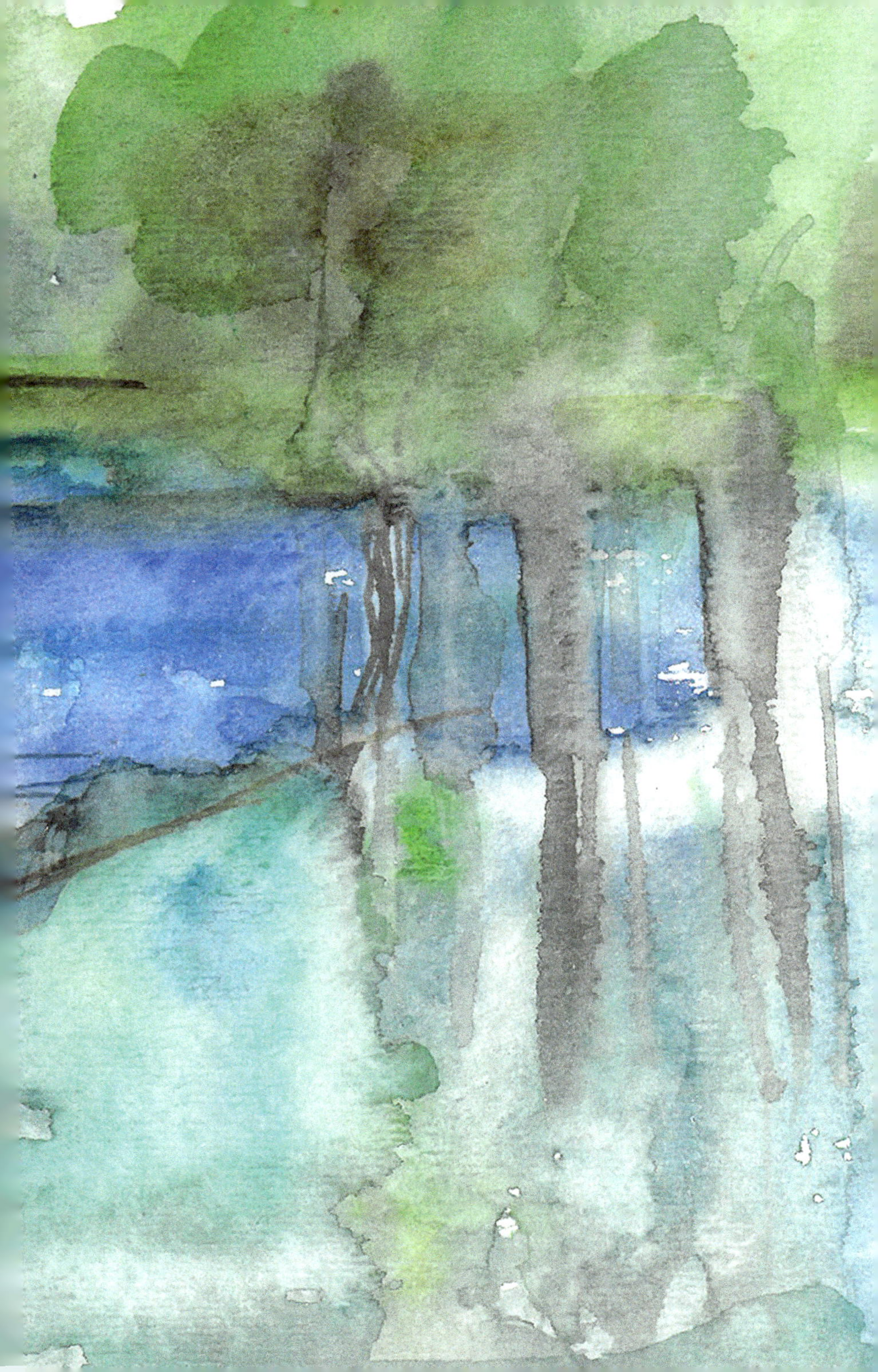

MESA FRATERNA

Venha à minha casa, irmão. A porta está aberta, como está meu coração. Recebê-lo será um bálsamo para esta minha solidão. Mas não repare. Tenho uma só cadeira e uma velha mesa sem toalha. Pouco posso lhe oferecer, algum vinho e pães amanhecidos. Meus talheres são gastos e minha louça, lascada. Nos pratos, pouco alimento.

Sente-se, meu irmão, a casa é simples, mas muito iluminada e acolhedora. Com esta luz, verá claramente minha pobreza e minha riqueza. Quando, por entre os talheres e as migalhas da mesa, minha mão aquecer seus dedos frios e meu sorriso animar sua melancolia, você sentirá a riqueza do nosso encontro. Coma e beba tudo que tenho; deixe, porém, que eu me alimente da sua presença. Ela é o pão macio e indispensável à minha existência e à nossa união fraternal.

Pesca 2 (2001)
Aquarela sobre papel
22 x 14 cm

BARRA DO UNA

Naquela casa, naqueles montes, naquele rio passam emoções como nuvens. Grãos de areia rolam, criam dunas, e os sentimentos seguem os passos do vento sul, lambendo as águas salgadas, enterrando destroços de destinos. Naquele lugar, junto ao mangue, a vida recriada explode nos seres e nas almas, e só os mais desvalidos de espírito não renovam suas esperanças. Lá o universo se manifesta, mutante e inseguro, nas suas areias móveis, e lá aprendemos o voo da ave que se abate pela fadiga e a leveza do grão que se precipita aos punhados, arando o areal. Movediças como marés, as ideias reviram baús, abrem as comportas mofadas do imobilismo e iluminam os cantos escuros. É lá que os clarões de certeza surgem, na negritude da dúvida.

Na casa de poder renovador estão os anseios mais íntimos dos que se foram e dos que, hoje, alimentam lembranças, adubam canteiros de sonhos, esperam o florir dos dias. O sonho mora lá, habita seus cômodos e, lânguido e doce, alimenta os felinos brilhantes das nossas paixões. Lá moram os devaneios, que repetem o passado e projetam o futuro, em cenas de renovada felicidade. Lá, naquela casa, moramos — e moram nossos dias tristes e felizes, quietos, à espera do momento de construírem novas vidas.

Pesca (2001)
Aquarela sobre papel
22 x 22 cm

Esta obra foi composta em Adobe Jenson Pro 12 pt e impressa em papel Offset 90 g/m² pela gráfica Meta.